アジア太平洋戦争と宮崎県

県民はどのような戦争を体験したか

福田　鉄文 著

みやざき文庫 150

はじめに

1945（昭和20）年8月15日、日本はポツダム宣言を受け入れてアメリカ、イギリス、中国、ソ連などの連合国に降伏し戦争は終わりました。

戦争は、日本軍が満鉄（南満州鉄道株式会社）線路を爆破（1931年9月18日）してはじめた満州事変以来、盧溝橋事件（1937年7月7日）をきっかけに中国との全面戦争となった日中戦争、そしてさらに東南アジアに戦線を拡大し、米英とも戦う、アジア太平洋戦争となりました。この戦争は、1931（昭和6）年から1945年までの15年間という長期間に及び、この戦争での死者はアジア諸国の人びと3000万人、日本の人びと210万人といわれています。

日本国民は、この戦争の反省の上に立ち、再び戦争はしない、軍備は持たないと決意を固め、日本国憲法を定めました。

世界の諸国民も国連憲章で「武力による威嚇又は武力の行使」を違法と定め、集団安全保障方式で世界の平和を守ろうとしています。つまり、対立関係にある国家をも国連に包摂し、国家は互いに武力不行使を約束し、この約束に反して他国を攻撃する国がある場合には、他のすべての関係諸国が協力してこれに対処し、被害国の安全を保障するというものです。
今日の世界は、作らないはずの軍事同盟の枠組みを世界のあちこちに作り、対立を深め、軍備の増強を進めています。この現状は国連の精神に反します。軍事同盟による敵対の現実はその行き着く先が心配です。日本国憲法や国連憲章の精神をどこかに置き忘れてしまった感があります。国際紛争は武力による解決をめざすのではなく、あくまで外交、話し合いによる解決の道しかないと思われます。

私は、恐ろしく悲しいかつての戦争のことを戦争の遺跡や記念碑などを調べることで、宮崎県内の戦時中の様子を記録し後世に伝えたいと考えました。そのことが平和の実現に役立つと思ったからです。調査・記録に取り掛かったのは1983（昭和58）年のことでした。当時は戦争の体験者が少なからずおられましたが、今日ではもうほとんどお目にかかれなくなったのが残念です。今まさに記録の伝承が重要になっていると思います。

私の調査に基づく戦時中の記録は次の2冊です。
①『宮崎の戦争遺跡―旧陸・海軍の飛行場跡を歩く―』（2010年12月刊）
戦時中、宮崎県内に作られた陸海軍の航空基地・飛行場を調査してまとめたもの。
②『私たちの町でも戦争があった　アジア太平洋戦争と日向市』（2019年9月刊）

宮崎県内の一地方都市、日向市の戦争中の様子を記録したもの。

上記①、②に続く3冊目が今回の報告集『アジア太平洋戦争と宮崎県』です。アジア太平洋戦争中の宮崎県はどのような状態におかれたのでしょうか。当時のことをふりかえり、いかに平和が大切かを改めて感じていただきたいと思います。

二〇二二年　冬

目次

第2章　戦争がはじまった

アジア太平洋戦争と宮崎県

――県民はどのような戦争を体験したか

第1章　戦争への足音

第1節　菊池武夫（きくちたけお）と国体明徴運動

菊池武夫陸軍中将

宮崎県中西部、一ツ瀬川の上流に人口1、553人（01年9月末）の西米良（にしめら）村があります。この村は、今日も焼き畑が残る山村として知られています。その村の中心、村所（むらしょ）地区に、村人が募金を集めて建て、男爵で貴族院議員だった菊池武夫に贈った邸宅が、いま菊池記念館として残っています。

菊池武夫は1935（昭和10）年、貴族院において美濃部達吉の唱えた天皇機関説を攻撃し、国体明徴運動の嚆矢（こうし）を放った人物です。1973（昭和48）年発行の『西米良村史』は、「米良の人物」の章の第1節で菊池武夫を取り上げ、24ページにわたって特別の人物として記述しています。また、菊池記念館の裏手の少し高いところに西米良村歴史民俗資料館がありますが、その正面入口を入ったところが2階で、そこは菊池武夫の遺品や写真の展示場になっています。1階は焼き畑関係の農具を中心とした民具の展示場です。

菊池武夫は陸軍中将にもなった軍人です。そしてその彼を記念する菊池記念館は戦争に深く関わっているといえるでしょう。そういう意味で菊池武夫と菊池記念館を戦争遺跡の一つとして取り上げました。

「この機関説排撃は、日本の学問や思想のうえには重大な意味を持った。これによって国体は一種のタブーとされ、もはやまともに日本社会について研究したり論じたりすることはできなくなったからである。天皇はこれによって神格化され、国民はそのまえにいっさいを捨てることを要求されるようになった。それは戦争に国民を引きずり込んでいくために欠くことのできない地ならしだったのである」(『日本の歴史』24　382ページ)。

1　菊池氏と西米良村

(1)　菊池氏の来歴

菊池氏は中世における肥後(熊本県)の豪族で肥後菊池郡を本拠としました。1221(承久3)年の承久の変には院側に属し、鎌倉幕府の滅亡を導いた1331~33年の元弘の変に際しては、菊池武時は後醍醐天皇に応じて鎮西探題館に討ち入りして戦死しました。その子武重は建武政権により肥後守に叙せられ、以来武重、武敏、武光らは九州南朝方の中心として活躍しました。南北朝合一後、武朝は肥後の守護となり、能運（よしゆき）に至るまでその地位を保持しました。その後、足利政権の確立に伴って勢力が衰え、戦国時代に義宗が大友氏に滅ぼされて正統が断絶しました。

なお能運の子孫は日向国米良（宮崎県児湯郡西米良村）に逃れて米良氏を名のり、江戸時代末19代則忠に至って菊池氏に復し、明治に至っています（『日本史辞典』創元新社）。

(2) 江戸時代の米良氏

米良氏は肥後菊池氏の後裔（こうえい）といわれます。菊池氏の誰が何年に入山したかについて、確かなことは分かりませんが、肥後菊池氏の後裔が米良に入山したという伝承は幕府もこれを承認したものであったといいます。

米良山は、徳川藩政成立期にそれまでの日向児湯郡から肥後球磨郡に入り、人吉藩の属地となりました。廃藩置県後の1872（明治5）年になって再び日向児湯郡に編入されました。この地を治めたのが米良氏です。その領域は、西米良（西米良村）、東米良、寒川（西都市）、中之又（木城町）でした。

米良氏は江戸幕府によって交代御寄合家として待遇されていました。「交代寄合」というのは、旗本のうち徳川家と特に関係の深い家柄で、江戸在住の義務はありませんが、老中の支配に属し譜代大名に等しい待遇を受けるものでした。

米良氏の居館は村所にあったと思われます。小川に定まったのは第10代則重以降で、明治維新に至るまででした。

幕末を迎えたのは、第17代米良主膳則忠でした。則忠は幼名を広次郎といい、のち菊池次郎、忠（すなお）と改めました。少年時代は人吉に出て文武を修行し、22歳で家督を継ぎました。則忠の嫡子は幼名亀之助、のち第18代の武臣です。その子が武夫で19代にあたります。

村民が贈った菊池別邸（現菊池記念館）

(3) 菊池記念館

菊池武夫自身は鹿児島で生まれましたが、彼の父祖は代々米良を治めました。村人には「廃藩置県に菊池領主は不動資産の全部を民間に部落（ママ）に下付され、……御仁慈の為に広漠たる米良山は全部民有地になった」（宮之瀬菊池御別邸由来記）との気持ちがあり、旧領主にゆかりの深い武夫が都城歩兵第64連隊長に任ぜられると、西米良村議会は山林30町歩を武夫に贈りました。

また、「大正時代菊池武夫閣下が都城連隊大隊長のとき米良に帰られたが旅館や民家にお泊まりになる外術（すべ）がないのが何より不足に感ぜられた。これらが強い動機となって何とかして一寸お帰りになってもせめても御気安く御泊まりになる御邸を立てて上げる様にしようではないか」（同由来記）という考えから、旧菊池領関係有志の募金約6、300円で別邸を建設し、1933（昭和8）年武夫に贈りました。武夫の没後、別邸は遺族により村に寄贈され、現在、菊池記念館として保存されています。

2　菊池武夫の生涯

『西米良村史』に基づいて菊池武夫の年譜を見てみましょう（筆者が加除しています）。

1875　7月22日、第18代武臣の長男として鹿児島県に生まれた。母は旧鹿児島藩士鎌田出雲の女、富。武夫誕生前に離婚、武夫は鹿児島永吉村（今は鹿児島市）尾畔（おぐろ）、島津久光の下屋敷で祖父母の手によって育成された。

1883　父武臣、特旨を以て華族男爵に列せられる。

1885　9月、武夫、私立学校三州義塾に入学。

1887　4月、学習院初等科に入学。

1890　7月、父貴族院議員に当選（1904年まで連続議員）。

1891　9月1日、陸軍幼年学校に入学。

1894　祖父、先祖をまつる熊本県隈府（わいふ）町の菊池神社の宮司を拝命。陸軍幼年学校を卒業。11月、陸軍士官学校へ入学。

1901　10月9日、陸軍大学校学生を仰せつけられた。

1904 日清戦争がおこり、任歩兵太尉、熊本の歩兵23連隊中隊長として出征。遼陽の戦いに参加。武夫負傷。
1905 8月16日、韓国駐剳軍東部兵站（へいたん）参謀に転勤。凱旋。
1909 12月26日、北京駐屯歩兵隊長に転勤。
1912 任少佐、都城歩兵第64連隊第1大隊長に補せられ、先祖の地米良へ墓参のため帰山した。
1913 8月22日、陸軍大学兵学校教官に就任。
1914 8月10日、陸軍歩兵中佐に任ぜられ、同月、奉天将軍段芝貴の顧問として出張。
1917 欧州留学、任陸軍大佐。男爵を襲爵。父武臣死去。
1920 8月帰国、都城第64連隊長に補せられた。
1922 5月1日、西米良村会は武夫の都城連隊長着任を記念して約30町歩の山林を寄贈することを議決。8月、陸軍少将に任ぜられ、熊本第11旅団長に補せられる。
1924 奉天特務機関長となる。
1927 3月5日、陸軍中将に任ぜられ、参謀本部付となる。7月20日、待命（その地位にありながら一定の職務に就いていないこと）、予備役編入（51歳）。
1931 11月28日、貴族院議員に当選。
1932 神武会が結成され、武夫も関係した（会頭大川周明）。7月10日、貴族院議員に再選された。
1933 8月8日、菊池武夫別邸献上式を挙行、武夫が帰村。

1934　貴族院で商工大臣中島久万吉の「足利尊氏を称揚した論文」を乱臣賊子を礼賛するが如き文章と攻撃。

1935　2月18日の貴族院本会議の質疑において武夫議員の質問はいわゆる天皇機関説問題をまきおこした。政府は8月3日、10月1日の両度、国体明徴を声明。

1936　11月、東京市淀橋区会議員に当選、議長に就任した。

1938　宮崎教育会長に就任。翌年再就任。

1940　5月10日、熊本県隈府町長に就任。

1941　4月、興亜専門学校（亜細亜大学の前身）長に就任。

1945　12月7日、戦犯容疑者の指名を受ける。

1947　9月10日、第G67号仮指定、同月22日付連合軍総司令部覚書により戦犯容疑者としての嫌疑を解かれ、巣鴨拘置所より釈放され、西米良村に帰山。帰村して55年7月上京するまでの8年8カ月、菊池氏米良入山研究に没頭、「我家の歴史」草稿をまとめた。

1955　7月上京し、12月1日、81年の生涯をとじた。後日、菊池家では西米良の別邸を村に寄贈したので、菊池記念館と称して菊池武夫の遺品を保存している。菊池記念館の裏山に元陸軍大将荒木貞夫を碑銘とする高さ3・5メートルの御影石造りの墓がある。

3　菊池武夫と国体明徴運動

(1)　貴族院議員菊池武夫

1932（昭和7）年、日本の満州占領を不当だとするリットン調査団の報告が出されると、それを不満とする日本は国際連盟を脱退して国際的孤立を深めました。国内では同年、海軍青年将校らが犬養毅首相を暗殺した五・一五事件などを経て政党は力を失い、軍部と反既成政党・現状打破・革新を主張する勢力（「右翼・革新」）とが発言力を増大させました。

このような政治状況の中で、思想弾圧が強まり、天皇と軍部に対する批判を一切許さない風潮が日本を覆うようになりました。社会主義運動はすでに抑えられていましたが、軍部は不穏な思想を追放し国体明徴をはからなければ、国防の安全は保てないと主張しました。この不穏思想とか危険思想といわれたのは、はじめは共産主義思想でしたが、しだいにそれは拡大解釈され、社会主義思想はむろんのこと、自由主義・平和主義・国際主義など、およそ軍部の政策に批判的な思想は許されないものとなっていきました。

このような思想弾圧強化の中で、菊池武夫が貴族院で取り上げた事件を見てみましょう。

① 1933（昭和8）年　滝川事件

滝川事件は、鳩山一郎文相が〝赤化的傾向〟があるという理由で、京都大学の刑法担当教授滝川幸辰（ゆきとき）の辞職を要求したことからおこりました。すでにその前から、蓑田胸喜（みのだむねき）らの原理日本社が「司法官赤化事件と帝大赤化教授」というパンフレットをばらまき、東京帝大教授美濃部達吉・末弘厳太郎（いずたろう）、京都帝大教授滝川幸辰らを〝赤化教授〟とののしり、かれらが司法官試験委員であるため司法官が赤化したのだと攻撃していました。第64議会では、このような思想問題が大きく取り上げられ、貴族院では、33年3月8日、菊池武夫議員が国体を破壊するマルクス主義を扇動するような「わが国の生存に有害なる大学」は閉鎖せよと迫りました。衆議院では宮沢裕（みやざわゆたか）議員（政友会）が赤化教授の追放を要求しました。

② 1934（昭和9）年　中島商工相に対する「足利尊氏問題」

商工大臣中島久万吉が、雑誌『現代』に足利尊氏賛美論を書いた（これは中島の10年も前の旧稿の転載でした）というので、第65議会で「足利尊氏問題」の追及が行われました。貴族院議員の菊池武夫が、逆賊を賛美するとは何事だと攻撃しました。院外の右翼も同調の動きを始めたので、中島は陳謝につとめましたが、34年2月8日、病気を理由に辞任に追い込まれました。

③ 1935（昭和10）年　天皇機関説問題

35年2月18日、第67議会の貴族院本会議で、菊池武夫が美濃部達吉の憲法学説である天皇機関説を取りあげ攻撃しました。つづいて登壇した三室戸敬光、井上清純も天皇機関説を否認するよう政府に迫りました。菊池の演説は、美濃部を「謀反人」「反逆者」「学匪」と罵倒した激越なものでした。これにたいして、当時貴族院議員（学士院代表）だった美濃部は、25日、一身上の弁明に立ちましたが、それは自分の学説を平明に説いた名演説で、「満場粛としてこれに聞き入る。約1時間にわたり雄弁を振ひ降壇すれば、貴族院には珍しく拍手起」こる（朝日新聞）というものでした。

しかし、騒ぎはこれでは収まらず、貴族院では三室戸敬光が反駁に立ち、菊池武夫もこの後4度も登壇して機関説に対する政府の態度を追及しました。院外では、在郷軍人会や右翼団体が騒ぎ始め、にわかに大きな政治問題に発展していきました。

機関説問題に関わる議会、政府を中心とする動きを追ってみます。

2月28日　衆議院の江藤源九郎代議士が美濃部を不敬罪で告発。
3月1日　貴族院の菊池や井田磐楠が貴衆両院有志懇談会を作り、機関説排撃を決議。
3月5日　政友会有志代議士が同じ決議をする。
3月20日　貴族院、機関説排撃を決議。
3月24日　衆議院、機関説排撃を決議。
8月3日　政府、「国体明徴声明」を出す。
　　　　陸軍、「国体明徴声明」を出す。

10月15日　政府、「国体明徴声明」（2回目）を出す。

(2)　『西米良村史』の描く菊池武夫

『村史』が掲げる武夫の年譜の中には、武夫が行った貴族院での中島商工相の「足利尊氏問題」と天皇機関説問題に関する攻撃についてのかなり詳しい記述があります。滝川事件に関しては書かれていません。『村史』には次のように書かれています。

「昭和9年1月発刊の雑誌『現代』2月号に中島久万吉は『足利尊氏を称揚した論文』を載せた。中島は斎藤実内閣の商工大臣であるから衆議院で問題になり、貴族院で菊池武夫は次の如き発言をした。〝国務大臣の地位にあるものが乱臣賊子を礼賛するがごとき文章を天下に発表したような大問題が、議会に対し陳謝しただけで済むものではない。よろしく罪を闕下（けっか）に謝して、辞職すべきではないか〟　中島は2月9日大臣を辞任した」（673ページ）。

「昭和10年2月18日の貴族院本会議の国務大臣の演説に対する質疑において菊池武夫議員の質問はいわゆる天皇機関説をまきおこしたのである。その演説の一節をあげると、

①　天皇機関説、天皇の大権につき、『我国で憲法上、統治の主体が、天皇になしと云ふことを断然公言する様な学者、著者と云ふものが一体司法上から許さるべきものでござりませうか、

是は緩慢なる謀反となり、明らかなる反逆になるのです』

② 天皇と議会の関係につき、『然るに美濃部博士にしても一木喜徳郎博士のものに致しましても、恐ろしいことが書いてある〝議会は天皇の命に何も服するものじゃない〟斯う云ふやうな意味に書いてある、……』」（673〜674ページ）。

天皇機関説に対する武夫の攻撃は激越なものではなかったし、この問題が大きくなったことに対して武夫に責任はないのだと『村史』はいいたいらしく、次のような引用文（引用文全体は14行）を載せています。

「この経緯について現代史資料（4）（注5）の解説によると『当初菊池議員の為した質疑を見るに同議員の態度は極めて慎重であり、寧ろ積極性に欠けていたかの観さへ見えた。……』其の後美濃部博士の態度に火に油を注ぐに等しいものがあった為、問題は急速度を以て展開されて行った。……」（674ページ）。

(3) 菊池武夫の右翼運動

菊池武夫は、貴族院議員として議会の中だけで活動した人物ではありませんでした。彼は右翼のリーダーとしていくつもの組織に関わっていました。

1926（大正15）　1月、思想善導会が勤王連盟と改称。陸軍中将の武夫らがバックアップして鈴木勇が創立。のち武夫が会長。松竹や日活に映画を作らせ、会が全国で上映。会の綱領では、忠君愛国を主眼とする天皇中心主義を固守して天皇及び皇室を尊敬し、苟（いやしく）も不純思想を抱かざることなどを決めていた。

　3月、国本社創立、理事となる。会長は平沼騏一郎。国本社創立趣意書には「今にして国民精神を涵養振作し国本を固くし知徳の並進に努め国体の精華顕揚するに非ずんば国家及民族の前途亦終に知るべからず」とある。

1932（昭和7）　2月、神武会結成に参加。会長は大川周明。神武会の綱領には「神武建国の精神を宣揚し、誠忠を、皇室に誓いて聖なる国体を無窮に護持し、」とある。

　12月、日本学生東亜連盟創立、会長となる。

1934（昭和9）　三六倶楽部結成、理事となる。

1936（昭和11）　12月、時局協議会結成。この第1回総会に同会客員として招かれて出席、座長を務める。時局協議会規約第1条には「速やかに行動政治を確立し、急迫せる時局に対応する為の各層各部門に於ける全日本主義運動の連絡強調並に強化を以て目的とす」とある。

1938（昭和13）　5月、国際反共連盟創立、役員となる。

〈参考文献〉

『日本の歴史24　ファシズムの道』　大内力著　中央公論社
『日本大百科全書6』　菊池氏の項　工藤敬一執筆　小学館
『西米良村史』　西米良村史編さん委員会編　昭和48年10月発行
『菊池武夫伝』　西米良村役場発行　1976年3月発行
『宮之瀬菊池御別邸由来記』　村所小学校長児玉金元氏の覚書、西米良村史より
『現代史資料4　国家主義運動1』　みすず書房

第2節　南九州陸軍特別大演習並びに海軍特別演習と地方行幸

南九州陸軍大演習並びに海軍特別演習と天皇の地方行幸については、鹿児島県が『昭和10年11月陸軍特別大演習並地方行幸鹿児島県記録』をつくり、宮崎県は『昭和10年陸軍特別大演習並地方行幸記念写真帖』をつくっています。私はこの2冊を手がかりに陸海軍の特別大演習と天皇の地方行幸とはどんなものだったのかを考えてみようと思います。

南九州、つまり鹿児島県と宮崎県の二県にまたがって１９３５（昭和10）年、陸軍特別大演習が行われました。１９３５年といえば、美濃部達吉の天皇機関説が貴族院で問題化し、政府が国体明徴声明を出す事態となっていました。

1　陸軍特別大演習とは

陸海軍は、いろんな種類の演習を行います。その際の演習の統監（統括し監督すること）は「臣下」に委任されますが、特別大演習は、大元帥である天皇が統監するのが原則とされました。

特別大演習は、大部隊による演習です。軍隊に入営した兵士は、その年の暮れまでに一通りの軍務を覚え、翌年さらに磨きをかけられて立派な一人前の帝国軍人となって郷里に帰ります。この兵役期間のうち、毎年11月頃に、今まで教育されたことを実地に演習する秋期演習があります。しかし、この演習は師団内で行われるだけですから、師団以上の演習を行うことができません。このため、師団以上の大部隊をまとめて大兵団の演習を実施し、その運用、並びに相互の連係動作を訓練する必要があります。これが特別大演習です。

この、特別大演習が、南九州では、１９３５（昭和10）年11月に行われました。このときの大演習は、鹿児島県と宮崎県との両県で行われ、南九州陸軍特別大演習並びに海軍特別演習と呼ばれました。

この特別大演習には、大元帥天皇をはじめ、軍の高官、皇族、政府高官、貴衆両院議長・議員、大審院長、検事総長、両県知事をはじめ、大勢が参列する大規模なものでした。開催県は長い間準備を行い、大演習中は大本営の置かれたところに県庁を臨時に移動させるなど、大変なものでした。県民も各種の役務に動員されました。

特別大演習は、また、「大元帥陛下が、演習をご統監され、同時に地域の一般民情をも親しくご覧になられ、国民にあまねく聖恩に浴するの機会をお与えになる」ものと位置づけられていました。そのため、天皇は大演習の後、地域を「行幸」しました。

また、県民の方でも、聖上陛下、大元帥陛下が、我らが地方においでになられるというので、ありがたいこととして、大騒ぎして迎えたのです。そのため、天皇来臨を記念して建てられた碑が、県内あちこちにあります。

大演習は明治の初めから行われたようですが、特別大演習の名称はありませんでした。明治24年（1891）8月、特別大演習の制度が完成し、大元帥が統監することになりました。同25年10月、宇都宮地方（栃木県）で行われたものが陸軍特別大演習としては第1回でした。

特別大演習は、軍縮の風潮の濃かった大正時代など、必ずしも毎年行われたわけではありませんでした。若い昭和天皇の登場により、軍部は定期的な大演習を望みました。そのため、大元帥としての天皇の統裁のもとに、陸軍特別大演習は毎年秋に、海軍特別大演習は3年ごとに行われるようになりました。以後、陸海軍の特別大演習は、昭和11年（1936）まで天皇の統裁のもと、各地に展開されましたが、やがて12年の日中戦争勃発を機に行われなくなりました。

2　天皇の行動日程

天皇の行動日程を中心に、1935（昭和10）年11月の南九州陸軍特別大演習並びに海軍特別演習の様子を見てみましょう。

11月6日　天皇、宮城出発、横須賀軍港より軍艦比叡にて航海、出航の際は雨天。

7日　天気は晴朗、風あり。午前10時の位置は室戸岬の東26浬（約48キロ）。
8日　鹿児島港入港、午後2時、大本営のある鹿児島県立第一高等女学校に到着。風邪のため予定を変更して静養。
明9日の海軍特別演習統裁のための軍艦比叡乗艦を取りやめ、大本営にて統裁と通牒あり。
9日　（第1日）海軍特別演習（九州東南海域）。
10日　（第2日）天皇の容体は快癒。午後1時4分、大本営出発。午後2時、隼人野外統監部で陸軍演習を統監。午後3時40分隼人駅発、都城へ。5時5分、大本営（宮崎県立都城中学校）着。
11日　（第3日）陸軍演習を高城野外統監部で統監、都城商業学校野外統監部で統監。
12日　（第4日）春日野外統監部で戦線巡視、攻防戦を統裁。大演習を終了。
13日　（第5日）観兵式（都城飛行場）、都城駅発宮崎へ。宮崎県女子師範学校（行在所）。
14日　宮崎神宮、皇宮屋、宮崎高等農林学校、宮崎中学校、御親閲場など。
15日　宮崎駅発（9時）延岡駅着（10時34分）、城山、旭ベンベルグ絹糸㈱延岡工場、延岡駅発（0時14分）鹿児島へ。鹿児島県立高等女学校（行在所）。
16日　霧島神宮、農林省鹿児島種馬所、鹿児島県立第一高等女学校。
17日　鹿児島高等農林学校、照國神社、城山、第七高等学校造士館、御親閲場など。鹿児島県立第一高等女学校（行在所）。

18日　鹿児島県立第一鹿児島中学校、鹿児島県師範学校。軍艦比叡にて古江港、吾平山上陵、志布志湾に仮泊。

19日　びろう島に上陸植物採取、航海。

12月1日　横須賀軍港、横須賀駅、東京駅、宮城帰着。

3　南九州陸軍大演習の開催と天皇来県を記念した碑

大本営跡（泉ヶ丘高校校庭）

(1)「大元帥陛下」の大演習足跡を記念した碑

大本営跡碑（都城泉ヶ丘高校校庭）

戦時に天皇のもとに置かれた最高の統帥部（統帥とは軍隊を指揮・統率すること）を大本営といいますが、南九州陸軍大演習の時にも鹿児島県、宮崎県に大本営が置かれました。鹿児島県では鹿児島県立第一高等女学校に、宮崎県では宮崎県立都城中学校に置かれました。都城中学校は現在の都城泉ヶ丘高校です。なお、大本営を準備するについて、内務省総務課長より「大本営（行在所）ニ関スル件」として次のような注意がなされました。

「大本営（行在所）ハ近年屡々府県庁舎ニ設置セラレタルカ一般行政事務ニ支障ヲ生スル等弊害少カラサリシニ鑑ミ今後ハ仮令狭隘ニシテ不備ノ点多クトモ能フ限リ公会堂又ハ学校等ニ設置スル方針ナリ」

天皇は鹿児島県の隼人統監部での統監の後、鹿児島神宮参拝などされて隼人駅より列車で都城駅に到着し、午後5時5分に大本営の都城中学校に到着しました。このことを記念して泉ヶ丘高校の校門を入って左手の校庭に「大本営跡」と刻まれた大きな自然石の記念碑が建っています。

聖上御統監之地碑の建つ高城郷土資料館

聖上御統監之地（都城市高城町、高城郷土資料館の庭）

都城市高城町大井手の高城郷土資料館の庭に聖上御統監之地碑が建っています。碑のすぐ前に説明板があります。

「聖上御統監之地　『聖上』とは、この場合昭和天皇を指す。昭和10（1935）年11月11日に高城平野一帯で『陸軍特別大演習』が行われた。天皇はこの地に立たれ、統監された。また、南北朝時代に後醍醐天皇方として高城に拠った肝属兼重について御前講義を受けられた。この碑は、この演習記念として1年後に建てられたものである」

御野立所聖跡碑（吉尾町）

春日公園に建つ聖上御統監之地碑

御野立所聖跡碑（吉尾町・沖水橋右岸堤防）

都城市の沖水橋北詰下流側堤防に「御野立所聖跡」と刻まれた大きな石碑があります。陸軍特別大演習3日目の11月11日、高城平野一帯で行われた演習について、天皇は高城野外統監部においてその状況を統監されました。統監の後、天皇は当事者の師団長から戦況を直接詳しく聞かれたのでしょう。宮崎県作成の写真帖の11日の日程表にそのことが書かれています。「青軍第十二師団長ノ戦況奏上（於沖水橋右岸堤防）」とあります。『陸軍特別大演習鹿児島県記録』によれば第十二師団長は「香月清司」です。

この事実に基づいて「御野立所聖跡」碑は建立されたのでしょう。

聖上御統監之地（都城市高城町春日、春日公園）

高城郷土資料館から山之口町方面へ2キロほど進むと左手山の中腹に「聖上御統監之地」碑が建っています。この碑が建つのは春日公園です。公園とはいえ、公園への登り道は山道のようで、地元の人にも忘れ去られたような公園です。公園らしい広場があるわけでもなく、公園全体がだらだら坂で、この碑は広くもない公園の上の方に建っています。

碑の建つ辺りから眺めると前方は広々とした平地で、なるほどこの辺りで軍事演習が繰り広げられたのだろうと想像できます。

この日11月12日は演習第4日目であり、最終日でした。天皇は午前8時、霧の中大本営を出発され、都城駅から列車に乗られ山之口駅に8時20分着。春日野外統監部で統裁された。午前10時30分、演習は終了しました。

皇上観武之碑

皇上観武之碑（都城西高校校門前の陸上自衛隊訓練場入口に建つ）

大演習の日程が終了した翌日の11月13日、午前9時50分から都城飛行場（注1）において観兵式が行われました。『陸軍特別大演習並地方行幸鹿児島県記録』には次のように書かれています。「午前8時30分大本営御出門、午前8時50分都城飛行場ノ観兵式場へ着御アリ、近代科学戦ノ粋ヲ集メテ攻防ノ秘術ヲ尽シタル3万ニ近キ将兵、戦車、空軍、4千頭ノ軍馬ニ対シ午前9時閲兵開始、御前9時20分分裂ヲ開始シ午前10時45分観兵式

大元帥陛下行幸記念碑

行幸記念碑

御終了アラセラレ」ました。

大元帥陛下行幸記念碑・行幸記念碑（陸上自衛隊都城駐屯地内）

11月13日の午前10時45分、観兵式が終わると、この後「更ニ午前10時55分歩兵第23連隊営内ノ賜餞（しせん）（注2）場へ臨御アリ」。そうして、「約5千8百余名ニ御賜餞ノ御儀ヲ行ハセラ」れました。

この賜餞のために天皇が23連隊に立ち寄ったことを天皇の行幸があったとしてかつての23連隊跡である陸上自衛隊第43普通科連隊駐屯地の隊門から入った正面の築山に「大元帥陛下行幸記念碑」と「行幸記念碑」が建てられています。

記念碑がいくつも建つこの築山に1枚の説明板が建っています。それには次のように書かれています。

> 都城駐屯地開設50周年を記念し都城市及び都城駐屯地の歴史と伝統を象徴する記念碑を修復美装する。
>
> 平成13年9月30日

第43普通科連隊長兼都城駐屯地司令
自衛隊協力会都城支部長　以下略

この看板は、天皇が賜餞のために立ち寄ったことを「大元帥陛下行幸」記念の碑と書かれているものを、今日的表現として単に「行幸記念碑」と書き換えたのではないでしょうか。

［注1］都城にはアジア太平洋戦争末期までに全部で3か所の飛行場が作られました。初めに作られた飛行場は都城西飛行場、次の飛行場は都城東飛行場、そして最後は都城北飛行場でした。ここで云う都城飛行場は西飛行場のことです。

［注2］賜餞とは天皇から食膳を賜ることを云います。

11月13日、天皇は陸軍第23連隊での賜餞を終えた後大本営に帰られたが、午後2時5分、都城駅から宮廷列車に乗り宮崎市へ。午後3時25分に宮崎市の行在所、宮崎県女子師範学校に到着しました。

(2)　地方行幸の地に建てられた記念碑

御親謁（ごしんえつ）記念碑（宮崎市錦本町　宮崎工業高校第2グラウンド）

14日から地方行幸が始まりました。この日午前9時、天皇は行在所である宮崎県女子師範学校を

御親謁記念碑

出発して、宮崎神宮や宮崎高等農林学校などをめぐった後、2万の人びとが待つ御親謁場に臨みました。

御親謁場に当てられた場所は宮崎市総合運動場でした。ここは宮崎駅に近く、今日でも広い土地で宮崎県営球場がおかれたりテニスコートとして使われたりしましたが、その後は県立宮崎工業高校の第2グラウンドとして使用され、現在は取り壊されています。

この広いグラウンドの東南の隅に基壇からの高さが15メートルを超すほどの塔が建っています。「御親謁記念碑」です。南側が正面で、基壇の中央に「御親謁記念碑」と刻字されています。北側に銘文があり、次のように記されています。

「昭和10年11月宮崎鹿児島両県下ニ於テ陸軍特別大演習並地方行幸ノ御儀執リ行ハセラルルヤ畏(かしこ)クモ聖駕ヲ宮崎市ニ進メサセ給ヒ同14日此ノ地ニ於テ宮崎大分佐賀三県ノ学生生徒青年団消防組員及都城大分久留米連隊区管下在郷軍人2万1千8百23人ニ御親謁ノ光栄ヲ賜フ

是実ニ本県空前ノ盛事ナリ乃チ茲ニ拝受者ノ出損ヲ以テ此ノ碑ヲ建立シテ其ノ感激ヲ長ヘニ伝ヘムトス

昭和11年11月」

行幸記念碑（城山公園、延岡城趾天守台跡、鐘撞き堂前）

地方行幸2日目の11月15日、天皇は午前8時50分宮崎の行在所を出発し、宮崎駅から列車で延岡へ向かい、午前10時34分延岡駅に到着しました。

延岡では城山に登り延岡市街を眺め、次に旭ベンベルグ絹糸株式会社延岡工場へ行かれました。延岡での行幸はこの2か所でした。

そうして、午後0時14分延岡駅発車で鹿児島へ向かい、午後4時51分に鹿児島駅に到着しました。天皇の延岡滞在は約2時間40分、これで宮崎県内の地方行幸は終了でした。

天皇の城山行幸の記念碑が城山の一番高いところ、鐘撞き堂の前にあります。ここから市街が一番よく見渡せますから天皇はこの辺りに立たれたのでしょう。行幸記念碑もここに建てられています。

行幸記念碑 碑の右に説明の石板碑あり

石板碑の説明文は次のとおりです。

皇紀二千五百九十五年秋、宮崎鹿児島両県ニ於イテ陸軍特別大演習行ハレ畏クモ天皇陛下ニハ親シク御統監アラセラレ更ニ地方御幸仰セ出デサセ給フ乃チ昭和十年十一月十五日当延岡市ニ鳳輦（ほうれん）ヲ枉（ま）ケサセ給ヒコノ城山頂上ヨリ全市ヲ御展望アラセラレ其発展ノ状勢ヲ臠（みそな）ハセ給フ洵（まこと）

二千載一遇ノ光栄ニシテ衆庶齊シク感泣セザルナシ茲ニ行幸記念碑ヲ創建シテコノ光栄ヲ永遠ニ伝ヘ以テ宝祚ノ無窮ト国運ノ隆昌トヲ寿キ奉リ只管至誠奉公聖恩ノ万一ニ報イ奉ムコトヲ念願シテ已マサルナリ

昭和十一年十一月十五日

延岡市長　沖田又次郎

天皇の延岡行幸に関する体験談を3人の人に聞きました。その話を紹介しましょう。

◇林賢太郎さんの話【故人、1917（大正6）年8月2日生】

林さんは当時岩脇村（現日向市）平岩宮ノ上に住んでいました。岩脇駅（現南日向駅）周辺を笹野地区といいますが、その北隣の地区が宮ノ上です。

「お召し列車が通るというので、日豊線沿線の草刈りの仕事がありました。私はその時18歳でした。私の日当は80銭、成人は1円でした。仕事をしたのは岩脇駅から宮ノ上間でした。仕事に出たのは青年2人と成人が8人の10人ぐらいでした。不景気な時だったので多くの人に仕事を与えるということから各人1日だけの仕事だったように思います」

「草刈りをしたその何日か後の天皇行幸の日だったのでしょう。その日、私は用事があって駅前の郵便局に行きました。郵便局の帰りに300メートルくらい来たところを歩いていると警官が『こら、こらっ』と呼び止めるのです。『そっちを歩くな、こっちを歩け』といって鉄道線路から離れた反対側を歩くように命令されました。このとき、警官は300メートル間隔ぐらいに立っていただろうと思います。駅斜め前の郵便局を出て300メートルぐらい歩いたところで規制に引っかかりましたから」（駅から宮ノ上地区辺りは道路と鉄道線路が並行して走っています）。

（2000年　林賢太郎さん談）

◇児玉武夫さんの話【故人、1927（昭和2）年8月8日生】

児玉さんは日向市平岩宮ノ上出身で元国鉄職員でした。

「その日は雨が降っていました。私は級友たちと一緒に岩脇駅のプラットホームに立たされていました。駅の南の方のカーブを曲がって列車が見え始めると最敬礼をするようにいわれました。だけど私は天皇を一目見たいと思っていました。その時、私はみんなが最敬礼したら、自分だけが顔を上げて天皇を見ても分からないだろうと考えました。それで顔を上げて天皇を見ました。3人乗っていました。天皇がどの人だったか分かりませんでしたが3人の中の1人は天皇だったのでしょう。列車の最後尾、展望デッキに直径1メートルぐらいの菊の紋が付いていました。そのデッキに兵士1人が銃を持って立っていました」

（2003年9月6日　児玉武夫さん談）

◇辻久代さんの話【1927（昭和2）年生】

辻さんは延岡市平原町在住で元小学校教師でした。

「日窒（日本窒素肥料株式会社）にちょうどベンベルグ工場が出来たので、天皇がそこを視察に来られました。私はその時小学校3年生でした。その日、学校から天皇を歓迎に行きました。学校全体では生徒が2600名もいましたから全員は行けません。クラスから何人いったか覚えていませんが、私はクラスから選ばれた中に入って行きました。

ベンベルグ工場と鉄道線路との間に石炭ガラを敷きつめた道路ができていました。この日は雨でしたが、私たちは天皇が来られるという何時間も前から鉄道線路の方を背にして座らされていました。ハンカチを敷いて座りましたがベチャベチャでした。

『傘をたため』『気をつけ！』という号令があり、中将か大将のような偉い軍人が来ました。この後に天皇が来られるのかなと思っていると『最敬礼！』と号令がありましたから額を地面に付けるほど最敬礼しました。『直れ』といわれて顔を上げたらもう誰もいませんでした」

（2001年12月11日　74歳　辻久代さん談）

(3)　その他の記念碑

御料蔬菜栽培之地碑（宮崎県三股町、都城東高校校庭）

私は、2007（平成19）年6月に都城地域の戦争遺跡調査を行いました。「御料蔬菜栽培之地」碑は都城東高校の校門を入った正面奥にあります。

御料蔬菜栽培之地碑（07年６月）

『都城市史』もこの碑について碑文を引用して詳しく説明しています。『市史』は「陸軍特別大演習」の項目を設け、演習の写真も付けて大演習を2ページにわたって説明しています。そうして、説明の最後の部分でこの「御料蔬菜栽培之地」碑を取りあげています。

「都城東高等学校に『御料蔬菜栽培之地』と題する財部彪（たからべたけし）揮毫の石碑がある。建立期日は昭和11（１９３６）年9月1日、当時この地には三股青年学校の実習農場があった。その碑文の内容は、『（前略）大本営ヲ都城中学校ニ定メサセラレ聖駕親シク吾祖国日向ニ御臨幸（中略）斯時ニ当リ吾三股青年学校ハ図ラスモ大膳ニ奉ルヘキ御料蔬菜奉耕ノ恩命ニ接ス無上ノ光栄ニ村ヲ挙ケテ感激シ謹ミテ奉公ノ誠ヲ致サムコトヲ期ス是ニ於テ地ヲ校内此処ニト（ぼく）シ（後略）』、黄芋15坪と白芋45坪を栽培、約半年で収穫し大本営に奉納して無事その任を果すことができたというものであり、『茲ニ本校ノ光栄ヲ永遠ニ記念センタメ碑ヲ建テ以テ後世ニ伝ヘムトス』と結んでいる」と紹介しています（都城市史　通史編　近現代　７８０ページ）。

御料蔬菜奉耕地跡記念碑（小林市内侍塚（ないしづか））

２０１０（平成22）年5月、私は戦争最末期に建設されたという小林市やえびの市の特攻基地跡の調査をしていました。その時、併せて「御料蔬菜奉耕地」の跡はどこかも探したのです。『小林市史』第2巻に、「御料蔬菜奉耕地」の跡に記念碑が建てられていると書かれていることを手がかりに探しました。小林市史第2巻に次のような記述があります。

「陸軍特別大演習の折、天皇陛下の御食膳に供する御料蔬菜御用命の光栄を得、慎重審査の上、内侍塚の新田武蔵を選抜し、部落も協力して精進栽培した白菜と菠蓮草（ママ）を納入した。この記念碑が後内侍塚中村梨園の西北に建てられてある」

この記述に続けて記念碑の説明があります。

御料蔬菜奉耕地跡と書かれた記念碑（10年5月）

（前　面）御料蔬菜奉耕地
従6位勲4等　陣　軍吉

（左側西）奉　耕　者　新田武蔵
小林町勧業技手　荒武政広

（後面北）昭和10年11月鹿宮両県下ニ渉ル陸軍特別大演習ニ際シ畏クモ天皇陛下行幸アラセラレ県立都城中学校ヲ大本営ニ充テサセラルルニ当リ御駐輦（れん）中ニ於ケル

御料蔬菜ヲ栽培スルノ光栄ニ浴シ無事奉納ヲ終了セリ依テ茲ニ之ヲ謹記ス

（右側東）　昭和10年12月建設

（『小林市史』第2巻　951ページ）

この記念碑の調査に関して小林市社会教育課文化財主幹・天辰より子さんにたくさんのことをお教えいただきました。

大演習記念造林碑（宮崎市高岡町小山田の国有林内）

高岡町小山田1953番地に高岡温泉安らぎの郷があります。その裏手より山に入り、谷沿いの道を約30分間登ります。そうすると人の背丈の2倍もある大きな記念碑に行き着きます。これは昭和10年の陸軍大演習で天皇が宮崎に来られたことを記念して植林した記念碑です。

大演習記念造林碑（2004年９月）

「国有林内に21町８反歩の造材素地ヲ選ヒ営林当局へ部分林設定許可申請ヲナシ」て許可を得ました。この部分林契約の存続期間は60年でした。「分収歩合ハ4官6民」というもので、「造林計画ハ地域ヲ6林班ニ分け各部各1班ヲ担当セリ。自今組員ハ一致協力以テ撫育ニ務メ伐期ニハ巨額ノ基本財産トナリ消防諸施設モ必ズヤ完備ヲ見ルニ至ラム」と考えたのです。続けて、「後輩諸君宜シク此ノ趣意ヲ体シ愛林思想ノ極養ニ務ムルト共ニ義勇奉公ノ消防精神ヲ発揚セムコト云爾（のみ）。

昭和13年4月3日

向笠村消防組組頭　平原　静夫」

この碑を探しに山に入ったのは2004年9月24日でした。高岡町に住む友人を頼み、当時の高岡町職員と地域の古老の案内でようやく辿り着きました。

大演習記念碑（西都市三財（さんざい）　並木公民館の敷地内）

大演習記念碑（2002年12月）

この「大演習記念碑」は皇紀2595（昭和10）年12月10日、帝国在郷軍人会三財村分会の名で建立されています。揮毫者は陸軍大将鈴木荘六と書かれています。

碑文は次のとおりです。

「今週宮鹿児ノ野ニ陸軍特別大演習ノ挙行サルルヤ惶（かしこ）クモ天皇陛下ハ大元帥トシテ鳳輦（ほうれん）ヲ僻陬（へきすう）ノ地ニ進メ給フ事ハ前古未曾有ノ盛儀ニシテ實ニ千載一遇ノ感激タラズニハアラス吾ガ分會ハ此ノ盛儀ト感激トヲ永久ニ傳ヘントシテ」（以下略）この碑を建立したとしてい

ます。

大演習記念碑は、例えば串間市福島に「昭和拾年度陸軍特別大演習記念」碑が帝国在郷軍人福島町分会によって建てられているように、まだ他にも建てられているのではないかと思いますが、以上を以て終わりにします。

これらの記念碑を見るとき、都城市史が書いているように「時局が『非常時』から『準戦時』へと推移していくなかで、市民の間にも天皇崇拝や軍国主義の考え方が醸成され強められていった」(『都城市史　通史編　近現代』780ページ)ことがよく分かります。

今日、これらの碑文を読むとそこに書き込まれている文章は天皇に対する最大限の敬いのことばが用いられ、難しいことばが使われて、いやがうえにも厳粛な気持ちにさせようとしているようにも思われます。

〈参考文献〉

『昭和10年　陸軍特別大演習並地方行幸記念写真帖　宮崎県』昭和11年11月25日発行　宮崎県
『昭和10年11月　陸軍特別大演習並地方行幸鹿児島県記録』昭和15年3月31日発行　鹿児島県
『昭和10年　陸軍特別大演習並地方行幸鹿児島市記録』昭和16年8月20日発行　鹿児島市
『都城市史』
『小林市史』第2巻

第2章　戦争がはじまった

第1節　陸軍歩兵第23連隊―編成から解体にいたるまで―

1　はじめに

都城は軍都といわれました。都城市には、明治以来帝国陸軍が駐屯していたからです。第6師団歩兵第23連隊です。しかしその軍隊はアジア太平洋戦争の敗北により解体され消滅しました。その後間もなくして、また自衛隊という名の軍隊が配備されることになりました。陸上自衛隊西部方面隊第8師団第43普通科連隊です。

都城歩兵連隊之跡碑

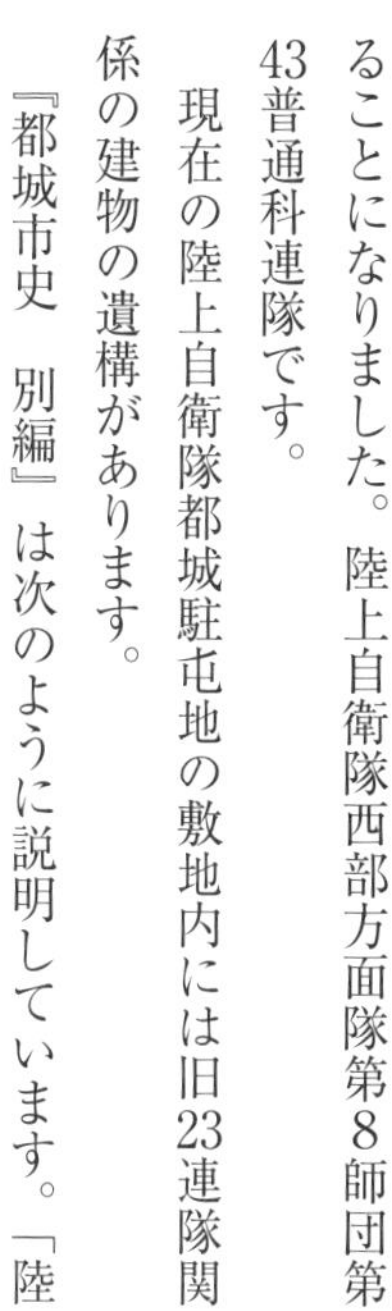

現在の陸上自衛隊都城駐屯地の敷地内には旧23連隊関係の建物の遺構があります。

『都城市史　別編』は次のように説明しています。「陸上自衛隊都城駐屯地は、旧陸軍歩兵第23連隊の兵営の跡地である。旧兵営の敷地は練兵場を含めおおむね70ヘクタールあったが、現在の自衛隊敷地は13ヘクタールである。明治43（1910）年5月陸軍歩兵第64連隊が初めて屯営し、大正14（1925）年5月に同第23連隊がこれに代わった。兵舎の建設は明治43年以前ということになる。現況は、明治以来の旧施設は逐次撤去され、陸上自衛隊の新営舎になっているが、旧連隊本部と旧将校集会所の建物は幸いに残されている。前者は、隊内の郷土資料館、後者は外来者宿泊所としていまだに役立っている。80有余年を経過して老朽化が進んでいるが、明治・大正・昭和・平成と4代にわたって兵営の歴史の生き証人のような建物である。また当市最古の木造洋風建築である」（951〜952ページ）。これに続けて、「旧連隊本部」「旧将校集会所」の項目を設け、それぞれの写真も付けて詳しく説明しています（952〜953ページ）。

2　歩兵第64連隊から第23連隊へ

(1)　鎮台から師団へ

我が国における近代的な軍制づくりは長州出身の山県有朋を中心に、1869（明治2）年7月の兵部省設置からはじまりました。1871年、薩長土3藩の兵を中心とした1万の親兵を組織し、4月には鎮台（東京、大阪、熊本、仙台）を設け、旧藩兵などの中から常備兵を配備しました。さらに、1872年2月には陸海軍を創設しました。そして、日本の独立の確保と士族や反政府運動の鎮圧を目的に、同年11月の徴兵告諭で国民皆兵を宣言し、翌1873年に徴兵令を公布しました。これによって士族・平民をとわず満20歳に達した男子はすべて兵籍にはいることが義務づけられました。

軍備の方針は対内的から対外的に移っていったが、守勢軍備で海岸の防衛や国内防衛作戦を考慮して軍隊が配置されました。明治15年7月、韓国（朝鮮）に内乱が起こると、これに関連して日本と清国（中国）とが対立しました。そして日本は対清作戦の準備に着手し、大規模な軍備拡大を進めました。1886（明治19）年、海軍は、4海軍区に分け各区に鎮守府・軍港（横須賀、呉、佐世保、舞鶴）をおきました。

1888年には、従来の対内的な鎮台組織を外征に適する師団組織に改編し、第1～第6師団を編成しました。

この後、日清戦争時に、戦時兵力として7個師団（6師団＋近衛師団）を基幹の野戦兵力約12万3000、その他を合して22万の兵力でした。日清戦争後は、対露作戦を目標として平時13個師団（近衛、第1～第12）に増やし、日露戦争では、13個師団の他、野戦師団4個（第13～第16）その他を動員しました。

日露戦争後の1907（明治40）年、日本の国防方針は従来の守勢作戦から攻勢作戦の計画に転換されました。

(2) 都城に初めて駐屯した第64連隊

宮崎県内に軍隊の本拠が初めて置かれたのは都城市で、その軍隊は歩兵第64連隊でした。その歩兵第64連隊について「都城市史」は次のように記しています。「歩兵第64連隊は、日露戦争の終わるころ、明治38年（1905）7月17日に編成の令が下って成立した連隊である。初め第16師団に属していたが、40年1月1日に第6師団（熊本）管下となり、衛戍（えいじゅ）地を都城と定められ徴兵区も次のように定められた。

宮　崎　県――児湯・東諸県・宮崎・南那珂・西諸県・北諸県の6郡
鹿児島県――曽於・肝属の2郡」（135ページ）

この第64連隊は、その本体が1908年9月から韓国の守備のために派遣されていました。大阪郊外の浜寺にいた留守隊は、1908年10月に兵舎工事の大半が完成したので、浜寺を出発し熊本を経て都城の新兵舎に入りました。連隊本体は1910年4月、守備交代で任務を終えると、5月13日地元官民の大歓迎を受けて都城に帰任しました。第64連隊は、この時以来1925（大正14）年5月11日解隊されるまでの16年7カ月間、都城に駐屯を続けました。

(3) 都城23連隊

歩兵第23連隊が都城に入った経緯を『都城市史』は次のように記しています。「歩兵第23連隊は、明治17年（1884）熊本において編成を開始して同20年12月1日その編成を完了し、以来大正14年まで熊本を衛戍の地としていた。その間日清日露の戦に従軍し武勲を輝かした。明治41年（1906）5月から韓国守備につき同43年4月熊本に帰還した。越えて大正12年（1923）4月満州駐屯の任につき同14年5月任務を終えて熊本に帰還した。ついで同年5月25日歩兵第64連隊と統合して都城に転営したのである」（135ページ）。

第1次世界大戦の結果、軍備縮小の声が世界的に高まり、日本でも政府・議会をあげて軍縮の動きが強まりました。軍にあっても軍縮整理を行うこととなり、4個師団（高田・豊橋・岡山・久留米）が廃止されました。その結果、新設連隊は廃止されることになり、第64連隊も廃止となり、歩兵第23連隊に統合されたのです。

3　陸軍歩兵第23連隊の主な戦歴

陸軍歩兵第23連隊は前述のとおり長い歴史を持っていますので、数々の戦歴があります。しかし、その中からいくつかの戦歴を列挙し、そのあとで次の4件の出動についてだけ概略を紹介しましょう（『都城歩兵第23連隊戦記』中の「歩兵第23聯隊略歴」より抜粋）。

1894（明治27）年7月9日　日清戦争に動員下令。

1904(明治37)年5月19日　日露戦争に動員下令。

＊1925(大正14)年12月25日　第23連隊、第64連隊と編合して都城に転営した。

1928(昭和3)年4月19日　済南事変に出動命令下る(居留民保護を名目に国民政府革命軍の北伐を阻むため)。

1932(昭和7)年12月6日　満州事変に動員編成下令(中国東北部、熱河地方占領に出動)。

1937(昭和12)年7月27日　日中戦争動員下令(北支)。

1937(昭和12)年11月5日　中支杭州湾に上陸、南京攻略戦(大虐殺に関与)。

1938(昭和13)年10月17～25日　武漢攻略のための追撃戦。

1939(昭和14)年2月14日　南昌攻略戦参加。

1941(昭和16)年8月20～10月15日　第1次長沙作戦。

1942(昭和17)年12月21日　南方へ転進のため上海出帆(太平洋戦争)。

1943(昭和18)年1月21日　ソロモン群島ブーゲンビル島エレベンタ上陸。ソロモン群島防衛戦に就く。

1943(昭和18)年11月1日　米軍ブ島タロキナに上陸。師団の攻撃成功せず。

1945(昭和20)年8月　23連隊、壊滅的損害を受け自活中に敗戦となる。

(1)　済南事変に出動

『宮崎県政外史』の第9編に「都城連隊史」があります。その中に23連隊が済南事変に出動したという次のような叙述があります（昭和3〈1928〉年の項）。

「昭和3年。4月19日済南事変が勃発したため、出動に関する命令下る。4月22日営門出発。4月27日青島着。5月6日済南警備に就く。5月8日より11日まで党家庄戦闘に参加。……8月29日内地帰還のため済南出発。9月3日青島出帆。9月9日帰営す」（同書567ページ）。

ところで、済南事変とは何でしょうか。高等学校の日本史教科書に分かりやすく短く書かれていますのでそれを引用します。

「1926（昭和元）年には、蔣介石に率いられた国民政府軍が中国全土の統一を目指し、列強の手先となって内戦をくりかえしていた北方の軍閥に対する北伐を開始した。これに対し、中国での権益を維持しようとする政友会の田中義一内閣や軍部は、中国東北部（満州）に拠点をもつ奉天軍閥の張作霖を利用しつつ1927年5月、山東省に居留する日本人保護を名目に山東出兵を行った。さらに政府は、6月に東方会議を開き、満州での権益の確保と治安維持を正式に表明し、強硬方針で臨むことを決定した。そして翌年の第2次山東出兵では済南で国民党政府軍との衝突（済南事件）を引き起こし、同じ年には第3回目の山東出兵を行った」（『詳解日本史B』三省堂1994年3月31日文部省検定済）。

臼井勝美著の『日中外交史』に依拠しつつもう少し詳しく見てみましょう。

田中内閣は、中国国民党革命軍の北伐を阻止し、華北への勢力拡大を狙って1927～28年、3

度にわたり山東半島へ出兵しました。

１９２７（昭和2）年5月28日、国民党軍が山東省に入るのを阻止するため、済南居留民約２０００人を保護するとの名目で、関東軍より約２０００の兵力を青島に出動させました（第1次出兵）。この時は、北伐がいったん停止になったので8月に撤兵しました。

28年4月より北伐が再開されたのに対抗して、政府は再度の出兵を決定し、4月19日、第6師団（熊本、師団長福田彦助中将）の動員と、支那駐屯軍より歩兵3中隊の済南派遣を下令しました（第2次出兵）。再度の山東出兵に対し、中国の北京政府は派遣軍の撤退を求め、国民政府も厳重な抗議を行いました。

日本軍は4月20日から26日朝までに済南に到着し警備に就きました。一方、5月1日早朝から革命軍がぞくぞくと済南に到着してきました。5月3日、革命軍兵士30人ばかりが略奪を働いたことから両軍の間で小衝突がおこり、それを端緒に商埠地（しょうふ）（清が外国人居留地として開放した地域）内の各地で日中両軍の衝突がおこりました。これが5・3事件（済南事件）です。

5月3日の戦闘で、済南商埠地内の山東交渉公署で執務していた外交処主任蔡公時以下16人が日本軍によって殺害されました。中国側は無抵抗の外交官に対する虐殺事件として宣伝し、大きな問題になりました。また、3・4日の戦闘で日本側の被害は戦死9、負傷32、居留民の殺害されたもの12、略奪被害戸数１３６戸、被害人員４００、被害見積額35万９０００円でした。

『日本の歴史24　ファシズムへの道』の著者大内力は次のように書いています。「しかしこの済南事件に対する田中内閣の措置は全く血迷っていた。政府は5月8日には早くも第3次出兵をきめ、9日には第3師団に動員令をくだし、青島に出発させた。国内では中国兵の暴虐を誇大に宣伝し、国民の敵愾心を煽動した。そして現地では、中国側にたいし12時間の期限つきの最後通牒を突きつけたうえ、9日・10日の両日、済南の総攻撃を行ったのである。ここでは容赦のない砲撃が市民にくわえられたため、中国側は3600の死者と1400の負傷者をだし、済南はほとんど壊滅してしまった。

このとき、国民政府軍はすでに済南からの撤退をきめていたのだから、それはまったく南軍（国民政府軍のこと）膺懲（ようちょう）と日本軍の威信発揚のためだけの、無意味な殺戮と破壊であった」（153ページ）。

第6師団歩兵第23連隊は5月3・4日の済南事件のあとに済南到着でした。しかし、第3次出兵の日本軍の9・10日の国民革命軍（北伐軍）攻撃と市街地破壊には23連隊も共に参加したことは間違いないでしょう。この攻撃の前に北伐軍は撤退を決め北へ向かって移動をはじめようとしていたのです。23連隊は党家庄の戦闘に参加したということですがどんな戦闘だったのでしょうか。

(2) 満州事変に出動

23連隊は1932（昭和7）年12月には満州事変に出動しています。満州事変について、高等学校日本史教科書は、「満州事変」の見出しで次のように述べています。

「関東軍は、張作霖爆殺後、国民革命の進行や、父張作霖のあとをついだ張学良による満鉄包囲線建設計画の進行などによって、満州での権益がおかされるという危機感をつのらせていった。そこで軍部は、1931（昭和6）年におこった中村大尉事件や同年、満州在住の朝鮮人農民と国境警備に当る中国の保安隊とが武力衝突した万宝山事件などを利用して、満州での日本の権益の危機を叫び満州は日本の生命線であるという宣伝を行い、満州での権益確保と治安維持の必要性を訴えるようになり、新聞やラジオもそれを広めた。（中略）

1931年9月18日、関東軍参謀の板垣征四郎・石原莞爾らは、軍隊を使って奉天郊外の柳条湖で満鉄線路を破壊させ（柳条湖事件）、これを中国側の破壊だとして、軍事行動をおこした。関東軍はいっせいに中国軍に攻撃をしかけ、満鉄沿線の主要都市を占領した（満州事変）」（前掲の『詳解日本史B』）。

関東軍は奉天（現在の瀋陽）郊外の柳条湖で自ら満鉄の線路を爆破し、これを中国側の敵対行為だとして、満鉄沿線の各地で張学良の軍隊に攻撃を仕掛け、翌日には奉天を占領しました。9月21日には吉林に出兵し、この後、関東軍は満州で軍事活動を次々と行い、11月27日には張学良の拠点錦州を占領し、1932年2月にはハルピンを占領しました。これらの作戦は上海事件のどさくさを利用して列国の目をかすめて行われたことでした。

こうして関東軍は開戦半年にして熱河を除く満州をほぼ制圧しました。

1931年9月、関東軍は首脳部会議で「満蒙問題解決策案」を決めていましたが、それにしたがって清国の廃帝＝溥儀をかつぎだし、満州に独立国を作る方針が採られました。1932年3月1日、溥儀を執政として日本の傀儡国家「満州国」を誕生させ、満州国の国土は、奉天、吉林、黒竜江、熱河の旧東北4省の範囲としました。

日本は「満州国」を作りはしたものの、国を奪われた張学良軍や現地の人の抵抗は激しく、その満州に歩兵第23連隊は出動したのでした。

1932年12月7日、23連隊に満州派遣のための編成令が下り、第1、第2大隊が門司から釜山を経て満州に出動しました。

同年12月27日から33年2月15日まで、第1大隊は満州南東部、通化、新浜、桓仁などの討伐と警備に、第2大隊は岫巌を中心とする三角地帯（遼東半島北部か）で連日連夜の討伐にあたりました。

1933年2月23日、両隊は通遼に達し、そこから西へ向かい熱河作戦に従事しました。3月2日、悪戦苦闘の末赤峰（現内蒙古自治区）に入城、ここで戦友の慰霊祭を行いました。3月9日、承徳（現河北省）にいたり、さらに両隊は激戦に激戦の末万里の長城を抜いて4月13日から河北作戦に入りました。5月からは北支那作戦が開始され、戦闘は延々と続きました。その後熱河省の警備に就き、任務が終わるのは9月になりました。都城への帰還は10月11日でした。

(3) 日中戦争に出動。南京攻略戦に参加

1937（昭和12）年7月7日の盧溝橋事件勃発後、23連隊にも緊急動員がかかり、河北省に出動しました。河北省で闘った後、11月5日、突如杭州（こうしゅう）湾に上陸したのです。杭州湾に上陸した部隊は第10軍で、この10軍の中に第6師団とともに23連隊も含まれていました。上海事変（第2次、8〜11月）で闘っていた上海派遣軍を第10軍が応援したことで11月9日には上海を占領するにいたり、戦闘は終息しました。この時、兵士たちは疲れ切っており軍紀も退廃していたといいます。兵士たちは帰還できるものと思っていましたが、そうはならなかったのです。

ここで、上海派遣軍と第10軍をもって中支那方面軍が編合（臨時編成の意味）され、司令官の松井石根大将はこの部隊を南京攻略に向かわせました。

「中支那方面軍が包囲殲滅（せんめつ）作戦をとり、総勢20万近い軍隊で包囲陣を形成、中心の南京城に見向かって師団、旅団、連隊、大隊といった各規模の部隊単位で波状的に進撃していった。このため、南京近郊の農村地帯に住んでいた民衆は、さながら日本軍が投げた南京戦区という大きな投げ網のなかをにげまどう雑魚のような運命にさらされた」（『南京事件』笠原十九司著、岩波新書94ページ）。「南京攻略戦において日本軍は、上海戦から撤退してゆく中国軍の追撃殲滅戦と、南京防衛軍にたいする包囲殲滅戦という戦法をとった。投降兵・敗残兵・捕虜であろうとも中国兵であった者は（そう思われた者もふくめて）殲滅、つまり皆殺しにすること」が行われました（前掲書95ページ）。

このような軍隊の中に第6師団、都城23連隊がいました。

笠原の『南京事件』の125ページには、2 南京城陥落 の項目を立て、包囲殲滅網の完成との見出しで次のように書かれています。

「(1937年)12月12日、南京では夜明けとともにかつてなく激烈な日本軍の攻撃が開始された。……南京城の南の中華門外の重要拠点である雨花台(うかだい)陣地には、第6師団(熊本)と第114師団(宇都宮)が猛攻をくわえ、正午までに同陣地を占領した。第6師団は雨花台の南京城内が一望できる地点に砲列を敷き、中華門に集中砲火をくわえ、さらに城内にも砲弾を撃ちこむ。このため、南京の中心街に砲弾が落ち、硝煙が街をおおい、各所に火の手があがった」(前掲書125~126ページ)。

城内に入った日本軍は、敗残兵や非戦闘員に対して殲滅戦を繰り広げ多数の死者を出しました。戦後、東京裁判や日本国内・外の連合国戦争犯罪法廷が開かれました。南京軍事法廷では、南京攻略戦に参加した第10軍司令官柳川平助、第16師団長中島今朝吾は敗戦後すぐ他界したので、逮捕された師団長は第6師団長谷壽夫だけでした。この法廷で谷は死刑判決を受けました。

(4) 南洋諸島の戦争に参加

第6師団の23連隊は南京占領後も中国にあって、湖南省の岳州地区(現岳陽市)方面の警備の任務に就いていました。1942(昭和17)年9月初旬、第6師団の各部隊は上海地区に集結し、内地からの補充員も得て、12月21日、南方転進のため上海を出帆しました。澎湖島、パラオ島を経てブーゲンビル島エレベンタ湾に1943（昭和18）年1月23日、上陸しました。

こののち、23連隊はガダルカナル島にあってこの方面の作戦に活躍しました。また、近隣のコロンバンガラ島、チョイセル島、ニュージョージャ島に機動作戦を展開し米軍と戦いました。1943年11月から12月までの第1次、翌年3月から4月までの第2次タロキナ作戦の死闘に従事しました。この間、制空権は次第に敵側に移ったため、日本軍への海上からの補給が続かず、弾薬、食糧が減少し、熱帯病による体力の消耗もあり、熱帯の孤島に籠城することになりました。

ガダルカナル島を中心とした戦闘で、歩兵23連隊の戦死者は約3千人にのぼり、生存者はわずかに3百人前後でした。

1945（昭和20）年8月15日、敗戦を迎え、生存者は米英軍の監督支配下におかれ、内地帰還の日を待ったのです。

（この④項は『宮崎県政外史』の第9編 都城連隊史 を参照しました）

〈参考文献〉『日本軍事史　上巻　戦前編』藤原彰著　日本評論社
『宮崎県政外史』　宮崎県　1967年
『日中外交史―北伐の時代―』臼井勝美著　塙新書
『南京事件』　笠原十九司著　岩波新書
『都城歩兵第23聯隊戦記』　都城歩兵第23聯隊戦記編集委員会　1978年

第2節　村を二分して満州開拓移民を送り出した！
――宮崎県東臼杵郡南郷村（現美郷町南郷区）――

宮崎県東臼杵郡の南郷村（現美郷町南郷区）はかつて村を2つに割って、一方は村に留まり、他方の村人たちは海を越えた満州国（当時は「満洲國」の字を使いました。文献や資料より引用の場合は原文のままにします）へ開拓移民として送り出されました。では、「満州」へ送り出されて農業に従事した「満州開拓団」とは何だったのでしょうか（日本では満州と内モンゴル〈蒙古〉地方をあわせて「満蒙」といい、この地に入植した開拓団の意味で「満蒙開拓団」ともいわれます）。

1　満州開拓移民とは何だったのか

1929年の世界大恐慌後、日本の農村は封建的な小作制度と相まって経済的な大打撃を受け、その救済が急務となっていました。

日本は1931（昭和6）年に満州事変を起こし、中国東北部（この地を日本は「満州」と呼んだ）を武力で占領し、その地に翌年、日本の傀儡国家「満州国」を作りました。この満州へ、耕作地が少なく大打撃を受けて生活の苦しい日本の農民を送り込もうと考えたのです。

関東軍司令部付東宮鉄男（とうみやかねお）、関東軍参謀石原莞爾（かんじ）、農業教育家加藤完治（かんじ）、農林次官の石黒忠篤などの働きかけによって、１９３２（昭和７）年に満州への試験移民がはじめられました。そもそも、東宮は治安維持のためには武装移民の入植が必要だと考えていたので、移民団の編成は退役軍人の中からと考えました。試験移民は4年間続けられましたが、移民の総数は１８７３人でした。現地民との紛争もあり、移民の残留者は約7割でした。

１９３６年には、広田弘毅内閣が20年間に１００万戸（５００万人）の送出を国策として決定し、以後毎年組織的に多数の農民が送り出されました。満州移民を主管した拓務省は、大量の移民を確保するため全国府県にその送出を督励しました。


『世界大百科事典』（平凡社刊）の「まんもうかいたく　満蒙開拓」の項（筆者は岡部牧夫氏）は次のように説明しています。

「この時期に満州への移民が重要国策とされたのは、それまでのおもな移民先であったブラジルなど南米諸国が受入制限を始めたという背景があるが、満州事変で中国本土から切り離し、完全に日本の支配下においた満州に、日本人人口を増加させて、治安維持と対ソ戦備の一手段にするのが主目的で、政治的・軍事的性格が優先していた。同時に昭和恐慌による農村の疲弊を救済し、国内の社会矛盾の激化を予防するための土地・人口調整策でもあった。したがって移民はおもに耕地の少ない山村地帯の二・三男層から選ばれ、開拓団という特殊な武装集団をつくって入植し、絶えず軍事訓練を受けた。開拓団は戸数の規模によって集団（200〜300戸）、集合（50戸前後）、分散（それ以下）の三つに区分され、府県、郡、町村などの地縁関係で編成された。とくに日中戦争期には、一つの村の人口を組織的に分割し、1戸あたりの耕地を増大させて母村の更生を図る分村移民制度が強力に奨励された。しかし戦時体制への移行は多方面に労働力を必要として成人移民を困難にしたため、数え年16〜19歳の少年による満蒙開拓青少年義勇軍の送出が行われ、戦争末期にはこれが移民の主力となった。さらに転廃業で職を失った都市商工業者などの帰農移民も見られた。これら多数の移民の訓練のため、茨城県の内原訓練所（1939年1月加藤完治に委託して開設）をはじめ各県や現地に多くの訓練施設が作られ、送出・受入機関として満州移民協会、満州拓殖会社（のち公社）が設立された。

開拓団は満州国内でも抗日ゲリラの遊撃地周辺やソ連国境付近に重点的に配置された。日本国内では満州には未開の沃野が待っているように宣伝されたが、現実には入植地のほとんどは既耕地を安価に強制収容したものであった。そのため、1934年憤激した農民が反日蜂起（依蘭（いらん）事件または土竜山（どりゅうざん）事件）を起こすなど、中国人の怨嗟の的となった。

45年8月ソ連が参戦して満州に進攻すると同時に移民団は本国帰還を余儀なくされたが関東軍の退却に取り残され、悲惨な境遇で多くの犠牲者を出した。それは、中国社会の中に移民を包摂する条件がないまま、侵略政策の一環として強行された満蒙移民の特性の結果であった。引き上げ途中でやむなく幼児を手放した移民も多く、現在、中国残留孤児問題として日中間の外交課題にもなっている」

満州開拓移民の結末は、「概して言えば、27万人の満州移民のうち8万人が亡くなり、18万人が引き揚げ（この中にはシベリアに抑留されたひと約5万人、留用されたひと数千人も含むが）、そして約1万人が中国に残留を強いられた」（『環』vol.10　2002特集「満州とは何だったのか」の中の論文「『満洲移民』の問いかけるもの」〈蘭信三〉311ページよりの数字）という大変残酷なものでした。

右記引用文の中にも満蒙開拓青少年義勇軍のことが触れられていますが、以下でもう少し詳しく見ましょう。

満蒙開拓青少年義勇軍は「日本の傀儡国家＝満洲国（中国東北部）を支配する政策の1つとしてソ満国境地帯に移住させられ、開拓の事業とともに現地での警護、治安維持の任に当たらせられた日本の青少年のこと。

1936（昭11）年、広田弘毅内閣は関東軍の求めに応じ『満州農業移民百万戸移住計画』を策定。また、石黒忠篤・加藤完治らは翌37年『満蒙開拓青少年義勇軍編成に関する建白書』を提出。政府は直ちにこれを支持し、『満州に対する青年移民送出に関する件』の閣議決定を行った。その方策は、16～19歳の青年男子を対象に毎年度3～5万人の送出をはかるというもので、その予定人員を確保するため府県・学校に割り当てがなされ、教員はその成果を競ったり、あるいは苦悩したりすることになった。青少年義勇軍は茨城県の内原訓練所（所長加藤完治）で2カ月の訓練を経て渡満。さらに現地で3カ年の訓練を受けたのち開拓団に配備された。約9万人の者が海を渡ったが、その結末は悲惨で、敗戦・引き揚げまでの間に2万4千人をこえる多数の犠牲者を出した（森川輝紀・柿沼　肇）」（『現代教育学事典』労働旬報社）。

2　宮崎県からの満州開拓農民、満蒙開拓青少年義勇軍の送出について

満蒙開拓移民の募集は、試験移民の段階では東北・北陸・関東地方で行われました。1936（昭11）年に満州国への開拓移民の送出が国策になると、それまでの400～500人程度からその10倍もの人数を送出することになったのです。そのため、移民を主管する拓務省は全国に移民の奨励を呼びかけました。

それでは、宮崎県からの送出はどうだったのでしょうか。

私は、県内のどの町村から何人の満蒙開拓団や満蒙青少年義勇軍が送り出されたかを調査したいと考え、その関係資料の閲覧を宮崎県文書センターに申し込みました。見せてもらった資料は地方長官会議資料や経済更生関係資料の簿冊を5冊でした。資料は「資料保存のため」と「個人情報保護」のための理由でマスキング（袋がけ）された部分が多く5冊のうちの1冊はファイルの中のた

だ1枚表裏の2ページだけ見ることができたという有様でした。

以下に簿冊の資料を読みながら、宮崎県からの開拓移民や青少年義勇軍の送り出しについて考えてみます。資料引用文中の「○」印は判読できなかった文字を表しています。

(1) 県からの助成

1938(昭和13)年6月13日付の農林省経済更生部長から宮崎県知事宛の文書があります。文書は、「満洲農業移民訓練指導職員設置助成金交付ニ関スル件」として次のように述べています。

「修練農場等ニ於ケル満洲農業移民訓練施設ノ充実ヲ図リ以テ初期ノ目的達成ニ遺憾ナキヲ期スル為右訓練指導職員ノ設置ニ対シ左記要領ニ依リ助成金ヲ交付スルコトト相成候ニ付7月末迄ニ助成金交付申請書ヲ提出相成度」と求めています。国は、満州農業移民を送り出すために国費をつぎ込んで県に訓練施設を整えさせようとしています。

次に、1939(昭和14)年12月18日付で、農林省経済更生部長は県知事宛に文書「満洲農業移民訓練指導員設置助成金追加交付ノ件」を出し、次のように述べています。

「満洲移民送出ノ増大ニ伴ヒ訓練、連絡事務ノ累増、分村計画始動等ニ依リ益々其ノ重要性ヲ加ヘツツアルニ鑑ミ其ノ旅費ニ対シ弐百円ノ範囲内ニ於テ追加交付ノ見込ニ有之候」故、追加申請書提出をされるよう通知する、と述べています。

⑵　県から農林省へ報告された開拓民送出計画を持つ9町村

1940（昭和15）年8月22日に立案されて、宮崎県知事から農林省経済更生部長宛に報告された文書があります。

「昭和14年度満蒙農業開拓民送出計画ヲ伴フ農山漁村経済更生計画成績並収支決算報告書8月12日付15更部第823号ノ御通牒主題ノ件別紙ノ通リ○○及報告候也」とあり、事業成績書が付けられ、それには①、②があります。

①満洲農業移民計画ヲ樹立実行セル町村名及町村概況

（9町村の名があげられ、その町村の概要として各町村ごとに、部落数、人口、戸数、地主、自作、自小作、小作などに分けて数字が示されている。部落数は略）

町村名	人口	総戸数	地主	自作	自小作	小作	計
都於郡村	4465	920	58	121	396	219	736
美々津町	4117	817	13	65	258	21	244
志和池村	8330	1199	52	219	669	106	994
山田村	7974	1410	31	244	708	121	1073
山之口村	6426	1238	20	168	365	284	817

高城町	12795	2101	83	272	705	678	1655
七折村	5815	1083	28	413	157	68	638
岩井川村	3655	626	19	309	65	30	400
北浦村	5781	1008	32	456	150	37	643

［注1］表には農業と其の他に分けて人口が書かれているが、それを略し合計の人口のみを書いた。

［注2］地主、自作、自小作、小作の数字を合計しても計の数字になぜか合致しない。

②成績ノ概要

（開拓農民送出の各町村の取り組みの状況が述べられ、その結果開拓民は何戸、義勇軍は何人の送出ができたかその成績が書かれている。その記述の一部を見ることにする。）

（イ）児湯郡都於郡(とのこおり)村：一戸当リ耕地面積ハ村平均1町4反3畝ナルモ中村〇〇等ノ部落(ママ)ハ耕地反別1町ニ充タサザルモノ少ナカラザル〇〇ヲ中心トシテ計画ニ準ジ積極的指導督励ヲ図リタルモ地方ノ殷賑(いんしん)産業重要軍需工業盛ナル為開拓民ノ送出実績挙ラズ

実績左ノ如シ　開拓民1戸（1名）　義勇軍3名

（ロ）児湯郡美々津(みみつ)町：5カ年間120戸ノ開拓民送出計画ヲ昭和13年度ヨリ樹立シ徹底的ノ指導督励ニモ関ハラズ実績挙ラズ特ニ昭和14年度ニ於テハ昭和15年ノ紀元二千六百年ニ当リ奉祝ノ事業続出シ労務員ノ不足ニ起因ス

実績左ノ如シ　開拓民　－　義勇軍３名

（ハ）北諸県郡志和池村（しわち）、仝　山田村、仝　高城町

右三ヶ町村共ニ農産物ノ価格昂騰ト増産計画達成上労力不足ニ依リ実績挙ラズ

実績　志和池村　開拓民　ナシ　義勇軍　16名

山田村　仝　ナシ　義勇軍　－

高城町　仝　ナシ　義勇軍　－

（ニ）北諸県郡山之口町：村内より開拓民の中心人物を送出するは成績を挙揚する上に最も機を得たる事と思慮せられ目下該小集団長1名推薦し既ニ内原訓練所ノ訓練〇〇開拓現地視察共ニ終了シ入村準備中ナリ既ニ入村シタル実績左ノ如シ

開拓民　７戸（30名）　義勇軍　７名

（ホ）西臼杵郡七折村（ななおり）、仝　岩井川村

両村役場ノ距離ハ五ヶ瀬川ヲ中央ニ挟ミ僅カニ2、３町ヲ隔テタル山村ニシテ最近林産物ノ価格騰貴特ニ木炭ノ好〇〇増産計画達成上ノ徹底的指導督励及両村中央ニ発電業起コリ労務員募集等ニヨリ開拓民送出実績僅カニ左ニ過ギズ

七折村　開拓民　３戸（10名）　義勇軍　１名

岩井川村　仝　３戸（15名）　仝　６名

花嫁　２名

（へ）東臼杵郡北浦村：村経済更生委員会ニ依リ根本的村更生計画ヲ樹立シ開拓現地ノ映写会講演会展覧会其ノ他ノ方法ニヨリ徹底的指導督励ナシタルモ最近漁獲物の価格昂騰○ニ殷○産業等転出者多キタメ開拓民送出ノ実績アガラズ実績左ノ如シ

開拓民　1戸（1名）　義勇軍　ナシ

県は町村を「徹底的指導督励」し、町村も努力して実績を上げようと努力しますが成果は上がりませんでした。

［注］現在は、都於郡村は西都市、美々津町は日向市、志和池村・山田村・山之口村・高城町は都城市、七折村・岩井川村は日之影町、北浦町は延岡市となっている。

(3) 分村計画助成の8町村

1940（昭和15）年8月8日付の農林省経済更生部長から宮崎県知事に宛てた文書「満洲開拓農民送出計画ヲ伴フ農山漁村経済更生計画助成金交付ニ関スル件」があります。「主題ノ件ニ関スル本年度助成金ハ左記ニ依リ交付ノ見込」として、その対象となる「本年度分村計画助成町村ハ左ノ八箇町村ヲ適当ト認ム」として、100円を助成すべき町村名が記されています。また中心人物等の満州開拓地視察費助成金も8町村8名分800円も助成するとしています。

8町村は次のとおりです。

児湯郡妻町　東諸県郡綾町　東臼杵郡門川町　仝　北郷村

東臼杵郡岩脇村　北諸県郡三股町　仝　中郷村　宮崎郡生目（いきめ）村

［注］現在、妻町は西都市、北郷村は美郷町、岩脇村は日向市、中郷村は都城市、生目村は宮崎市となっている。

(4) 8町村に対する分村計画助成金の収支と成績の報告

1941（昭和16）年7月19日に立案された宮崎県知事の農林大臣井野碩哉宛の文書「満洲開拓農民送出計画ヲ伴フ農山漁村経済更生計画事業成績並収支決算報告ニ関スル件」で「昭和15年度分村指定町村ニ対スル主題ノ件別紙ノ通リ事業成績並ニ収支決算○○及報告候也」とあります。

収支決算書の「支出之部」の費目には、計画並樹立実行費補助800、中心人物等満洲移住地視察費補助800、計画指導費500、満洲移住地視察旅費200、計2、300となっています。

800円という数字は8指定町村が各100円ずつ受けたものでしょう。

次に「事業成績書」が付けられています。これには①と②があります。

①満洲農業移民計画ヲ樹立実行セル町村名及町村概況

町村名	1戸当り耕地面積	総戸数	農家戸数	開拓農民送出戸数	義勇軍
妻町　農村	1町4反	1925	860	9戸	16人
綾町　農村	1町1反	1207	811	3戸	14人
三股町　農村	1町1反	2255	1831		11人
中郷村　農村	1町	1606	1428	4戸	9人
門川町　農漁村	1町	2342	986	1戸	
北郷村　農山村	8反	826	582	8戸	11人
岩脇村　農村	1町	731	460	7戸	3人
生目村　農村	1町1反	1392	939	2戸	6人

②成績ノ概要

（イ）児湯郡妻町：本町ハ一戸当リ耕地面積1町4反歩ナルモ相当商工業者ヲ有シ各種ノ配給統制ニ依リ満洲開拓民トシテ送出スル事ニ重点ヲ置キ適任者トノ座談会ヲ数回開催シ左記ノ通リ送出シタリ尚本町ハ町助役ヲ第十次労体郷ノ経理指導員トシテ入村セシメタリ

開拓民　9戸　義勇軍　16

（ロ）東諸県郡綾町：町内中心人物並農事実行組合長等ノ開拓民送出協議座談会ヲ2回開催シタルモ中心人物ノ熱意ナク適任者ハ軍需並殷賑産業方面ニ走リ開拓民送出実績揚ラズ

（ハ）北諸県郡中郷村：村ヲ単位トスル開拓民送出協議会座談会ヲ数回開催致シタルモ軍需産業

方面ニ転出多ク尚重要農林産物増産確保ニ相当ノ労力ヲ要シ開拓民送出ノ実績揚ラズ

開拓民送出数　4戸　義勇軍　9

（ニ）東臼杵郡門川町：本町ハ漁業商工業者多クシテ各種商工業者ノ統合ニヨリ転業者ハ相当ニ有スルモ会社工場方面ヘノ転出者多ク僅々数戸ノ開拓民希望者ハ家族同伴ノ必要アルタメ後日本隊トシテ入村セシム

開拓民送出数　1戸　義勇軍　―

（ホ）仝　郡北郷村：本村ハ農山村ニシテ最近山産物価格騰貴ニ依リ余剰労力ハ山林業ニ転出シ開拓民希望者少ナク然レ共村中心人物ノ分村運動ノ熱意高ク村農会技術員ヲ第十次○○○開拓団農事指導員トシテ送出シタルタメ左記戸数ヲ送出シタリ尚目下隊員トシテ入村希望者相当アリ

開拓民送出数　8戸　義勇軍　11

（ヘ）仝　郡岩脇村：本村ハ昭和14年入村シタル8戸中ヨリ死亡者数名及病気帰郷者ヲ有スルタメ開拓現地ノ映写会座談会等ヲ開催シ開拓地ニ対スル認識ヲ一層徹底セシメタルモ右事情ニヨリ実績ナシ

開拓民　―　義勇軍　―

（ト）宮崎郡生目村：本村ハ宮崎市ニ接スル農村ニシテ最近各種農産物ノ好影響ニヨリテ農民ハ○常ニ有福ナル生活ヲ営ミ尚幾分ノ開拓民トシテノ適任者ハ軍需産業其他ニ転出シ開拓民送出ノ実績揚ラズ

開拓民実績　2戸　義勇軍　6

［注］三股町に関する「成績ノ概要」はない。

(5)　1941（昭和16）年時点での県の取り組み状況報告

表紙に「地方長官会議　昭和16年（1）」と書かれた簿冊の表紙をめくると「長官会議参考書　職業課」とあります。

3つの項目が書かれています。

一、労務受給ニ関スル件　今次事変発生以来多数招聘ノ応召並軍需及時局産業要員ノ県外転出ニ依リ労務資源ハ益々枯渇シ労務員ノ供出数ハ著シク減少セルモ時局ノ推移ニ伴ヒ軍需及時局産業要員ノ需要ハ益々増加スルト共ニ国民徴用令ニ依ル応徴者モ昨年来頓ニ増加シ労力ノ受給問題ハ益々困難トナリツ、アリ之ヶ対策トシテハ労務動員実施計画要綱ニ基キ万全ヲ期スルト共ニ勤労報国協力令ノ趣旨徹底ト祖国振興隊運動及国民皆労働員ノ適切ナル展開ニ依リ側面的ニ労力ノ培養ヲ計リツ、アリ

一方中小商工業者ノ転廃業問題モ経済統制ノ強化ニ伴ヒ超々深刻トナリ相当ノ転業者ヲ生ジツ、アルモ本件ニ関シテハ関係機関ト緊密ナル連絡ノ下ニ遺憾ナキヲ期シツ、アリ

一、満洲開拓民ニ関スル件　満洲開拓民送出ニ関シテハ宮崎郷開拓団（第十次集団移民）ノ補充強化ニ主力ヲ注ギ之ガ団員送出ニ努力中ナリ本団ハ目下興安東省阿榮廣邵吉屯ニ於テ団ノ建設中ニシテ之ガ先遣隊ハ昨年1月ノ送出ニ係リ現在団員ハ団長以下56名之ガ家族80名ナルモ○○○○○○○○○ニシテ本月下旬ニハ団員家族合セ17名4月中旬60名送出ノ見込ナリ

一、満蒙開拓青少年義勇軍ニ関スル件義勇軍送出ニ関シテハ郷土中隊（３００名）編成ヲ目標ニ努力中ノ処既ニ参加確定現在数３１０名ニシテ若干ノ不参ヲ見越シテモ一個中隊編成ハ十分可能ニシテ右ハ３月１日出発同３日内原訓練所入所ノ予定ナリ

右記の３項目の文章に続けて２つの表が掲げられています。

一、開拓民送出状況調

区分	昭和10年	11年	12年	13年	14年	15年	16年	計
計画数	－	－	－	５０戸	５０戸	６０戸	２００戸	３６０戸
送出数	９	７	４４	１８	２８	５９	５６	２２１

一、義勇軍送出状況調

区分	昭和13年	14年	15年	16年	計
計画数	４００	５００	４５０	４２９	１７７９
送出数	２８６	１１０	２４２	２００	８３８

次に、県の取り組みを簡単に報告する文書の一項に「満洲開拓分村計画ノ実施」という項目があ

り、次のように書かれています。

「昭和12年度以降毎年度分村計画指定町村ヲ定メ開拓民送出ト町村ノ更生計画ヲ樹テ昭和16年度迄ニ17町村ヲ指定シ第11次宮崎郷ヲ中心トシテ送出中ナリ」

宮崎県からの満洲開拓民と満蒙青少年義勇軍の送出を県の関係資料に基づき見てきました。県は国の方針を受けて、町村は県の強い指導を受けて開拓民と義勇軍の送出に取り組みました。特に県の働きかけを受けて上記②項の開拓民送出計画を持つ町村、③、④項の分村計画の助成を受ける町村は映写会や座談会を開催し、現地視察者を出すなどして開拓民を見つけ出すことに努力しています。県は努力をしたが成果が上がらないことを町村民の動向をもとに国に報告しています。県関係者の苦渋の胸の内が思われます。

(6) 満洲開拓農民と満蒙開拓青少年義勇軍の送出状況

満洲開拓農民送出状況調　　昭和19・3・31調

年度	次別	入植地	計画戸数	募集区域	送出団員数	備考
昭和11年	第4次	城子河			7	
〃	〃	哈達河		県一円	2	
12年	第5次	朝湯屯		〃	7	

13年	第6次	西二道崗		〃	44	
14年	第7次	少山子	50	〃	18	九州○○聯合
15年	第8次	大羅勒蜜	60	〃	45	〃
〃	集合	高千穂	60	〃	42	県単位○○移民
16年	第10次	那吉屯、宮崎郷	200	〃	116	県編成主体
18年	第12次	宮崎神門	200	南郷村	18	南郷編成主体
19年	〃	〃		〃	32	〃
計					331	

［注］宮崎神門の神門は南郷村の中心地名の神門（みかど）に由来する。

満蒙開拓青少年義勇軍送出状況調　昭和19・8・1調

郡市	昭和13年	14年	15年	16年	17年	18年	19年	計
宮崎市	10	5	30	16	28	24	22	135
都城市	3	2	14	30	32	17	18	116
延岡市	9	12	8	6	8	5	11	59
宮崎郡	32	13	38	24	25	20	16	168
南那珂郡	30	13	26	14	11	17	15	126

北諸県郡	47	20	22	12	37	38	26	202
西諸県郡	13	1	25	18	17	12	17	102
東諸県郡	21	5	14	9	10	6	15	80
児湯郡	73	14	24	26	31	30	31	249
東臼杵郡	32	15	25	30	38	38	27	205
西臼杵郡	16	10	16	12	19	15	19	107
計	286	110	242	197	276	222	217	1550

［注1］西諸県郡の計は103人、児湯郡の計は229人、昭和17年の計は256人となる。
［注2］それぞれの数字を合計しても計が合致しない部分がある。

上記「満洲開拓農民送出状況調」と「満蒙開拓青少年義勇軍送出状況調」の表は、「簿冊タイトル　雑書、秘書（宮第6の1）、軍都計画」の中にあるもので、開拓農民送出と青少年義勇軍送出の全体を数的に把握できる唯一の資料と見受けました。しかし、両表ともに昭和20年の数字がありません。東臼杵郡南郷村からの開拓農民は昭和20年4月に出発した人たちがありました。このような例は他の町村でもあったはずです。いずれにしても、宮崎県からの開拓農民送出や青少年義勇軍送出の状況把握や人数の総数を把握することはできまでんでした。

3　村を二分して満州開拓農民を送り出した東臼杵郡南郷村

県下の市町村史を読む中で、南郷村史に分村による満洲開拓農民を送り出した事実が記されていることを知りました。その他満蒙開拓団に関する文献を2、3冊読んで宮崎県文書センターの資料を閲覧しました。旧南郷村史には村から開拓民として満州に渡った人びとの名前をふくめて分村して入植した入植地の様子なども書かれており、詳細を知ることができます。県文書センターでは、県下町村の満州開拓移民に関する詳しい資料を見ることができると思いましたが、閲覧させてもらった文書5冊には、そのような内容のものは少なく、マスキング（袋がけ）のかかった部分が多く残念でした。閲覧した文書の中には、ここで取り上げた南郷村に関する資料が出てこなかったということは袋がけされて見ることのできなかった資料の中にあったのでしょうか。

(1)　南郷村史の語る満洲開拓移民

旧『南郷村史』166ページ以下に【満州開拓団神門郷史】が書かれています。新『南郷村史』（211ページ以下）にも「満州開拓団の南郷村分村」の項があり、これは旧『南郷村史』の内容を簡略化して記述したものです。以下に旧『南郷村史』の記述を中心に紹介します（以下の記述では旧『南郷村史』を『旧史』、新『南郷村史』を『新史』と略記します）。

［注］1943（昭和18）年2月、南郷村より第1次移民団、先遣隊として12人出発。神門郷を設置。

1944（昭和19）年3月、第2次移民団、32家族出発。

1945（昭和20）年4月、第4次移民団渡満。

①「南郷村分村計画」という見出しのもとに、南郷村の分村計画・経過が書かれています。
「神門郷は宮崎県から送り出された唯一の分村開拓団である。山村の多い東臼杵郡が18年（1944（ママ）、1943か）に大東亜省と満州移民協会の移民選出部（興亜教育指定郡）に指定された。町村、学校、在郷軍人会などの代表を集めて満州事情を説明し、部落座談会を開いて移民を勧誘した」とあります。

「南郷村の分村計画は目標300戸、団長に宮田芳吉助役が選ばれ、18年2月に出発した先遣隊12名に続いて20年4月の第4次までに87世帯365名が入殖した」と書かれています（『旧史』167ページ）。

［注］両『村史』で「入殖」の字が使われている個所はそのまま引用し、筆者の文章では「入植」にした。


続けて出身地区ごとに分けて団員となった人たちの氏名と家族の人数が書かれていますが、ここでは『新史』に基づき地区名と世帯数、人数のみを記すことにしました（『新史』211ページ）。
○大字神門（みかど）　26世帯　87人
○大字上渡川（かみどがわ）　38世帯　203人

○大字鬼神野（きじの）　7世帯　30人
○大字水清谷（みずしだに）　10世帯　24人
○大字中渡川（なかどがわ）　5世帯　21人
［注］入植したのは87世帯とあるが合計は86世帯だ。入植者は365人。

『旧史』の叙述（168ページ）を引用します。

「単身の人たちは簡単だったが、多くは先祖伝来の住家や田畑まで処分して準備をととのえたのである。長野恵氏は月給90円の2割増、10年後の退職金10万円という条件で県農会技師から副団長として加わった。2階建ての住家を1200円で売り払った。

小川正守氏は非農家、四国の出身だが日向市で成功し、手広くみそ、しょうゆ製造業を営んでいた。しかし戦時下の経済統制で企業合同にせまられ、勤労奉仕にかり出される日々、このままでは長期徴用も心配されたので、妻コマさんの実家（南郷村）の縁で加えてもらった。工場いっさい7千円で処分した。家財40個を荷造りして日向市を出発したのが20年4月20日、もう戦争も末期で荷物の半分は着かないまゝだった。

入殖した現地は満鉄安奉線沿い、ソ連国境に比べると治安がよく恵まれていた。とは言っても最寄りの鄭家屯（ていかとん）（人口2万人）から約40キロ、東遼河のほとりに広がる辺地である。点々と開けた畑は満人を追い出した跡で拓殖公社が現住民から強制的に買収して提供したのである。ここに4

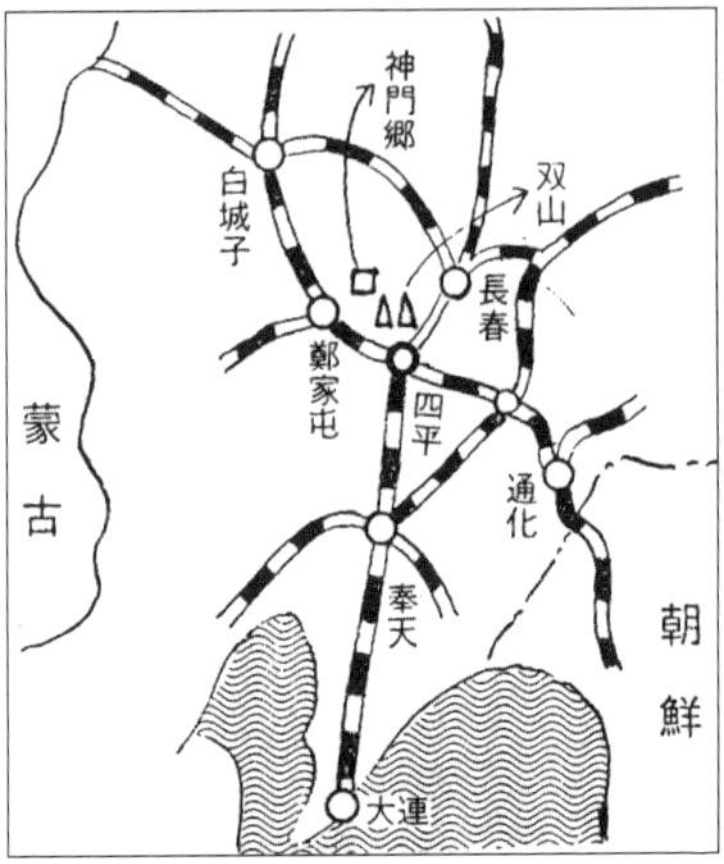

神門郷は鄭家屯まで40キロ

千町の開田計画があって1戸当りの配分は水田15町、畑5町、当初は共同開拓に共同経営で大勢の苦力（クーリー）を雇っての開田事業だった。

順調にはかどり、20年5月には氷雪がとけるのをまって150町に初めての稲を直播きした。

アルカリ性の赤土は地力があって上々の作柄、畑のばれいしょ、うり類、とうもろこし、大豆などは内地以上の成績をあげた。農耕用の馬も60頭、牛は200頭。それに個人で飼う豚や鶏も多かった。忙しい明け暮れではあったが働きがいがあった。住家はれんがの壁に土の屋根、満人部落そっくりで見かけは粗末だったが二重窓で防寒した4畳半と6畳二間があって、当座の生活に不自由はない。豆油が豊富で食糧事情にも恵まれていた。不便と言えば地下水が浅くて井戸水が濁っていたこと。環境の相違で不衛生のため、蝿、しらみが多くて食物に困ったこと、田植えに綿入れの着物、黄塵のためマスクをあてたことであった。気候に馴れてようこそ満州にきたと村中に明るい希望がわき始めていたのである」（『旧史』168〜169ページ）。

② 急変、「疎開」の命令出る

1943（昭和18）年2月に南郷村の12人が先遣隊として出発しました。第1次移民団です。満州の現地に神門郷を設置し、その後、昭和20年4月の第4次までに365人が入植しました。神門郷の人たちは入植して1～2年、4月に入植したばかりの人もいました。そんな神門郷を激震が襲いました。『旧史』の叙述を引用します（171～173ページ）。

「満州の夕日は赤い。西の空を金色に染めて地平線の彼方に沈む瞬間はひときわ印象的だ。野良帰りの疲れを癒やし、見知らぬ人にでもご苦労さん——と思わず声をかけたくなるような安らぎを覚える。

昭和20年（1945）8月12日、その日もおだやかに暮れていった。強い西風だ、どろ柳が音もなくゆれている。はるか東方に標高300mの東ハルバ、西ハルバの双山、ちょうど二枚のすり鉢を伏せた形をした単調な山容だが見渡す限りの荒涼とした草原に趣を添え、遠出するには何よりの目印である。その双山もやがて夕闇に消えていった。

神門郷開拓団が入殖して1年半あまり、昼間の作業班が開田現地を見て回り、初めての稲穂が立派に出揃ったことを報告したばかりである。

神門郷の人びと（『旧史』174ページ）

『あと20日もすれば刈り取りだろう、忙しくなるぞ』あやしくなっていた戦局もここまで及ばず『満州に来てよかった』とみんなで開拓の喜びを分けあった。

この平和な村の終幕を告げる急の知らせが飛び込んだのは午後10時であった。

『起きて下さい。大変だ。大変だ』小川正守氏の表戸を激しくたたいたのは上村幸夫氏である。この日夕刻、1泊の予定で鄭家屯の県公署へ出かけるといきなり即刻の疎開命令。上村氏は馬を仕立て40キロを息もつかずに突走って帰って来たという。

『今夜中に馬車30台をさし向ける。一人残らず分乗して鄭家屯に出てくること。荷物は手提2個まで、赤ん坊のおむつと子どもの着替えに限る』壱岐副県長（西都市都於郡出身）の指示だ。上村氏は更にその足で40キロ四方に散らばっている集落へ伝令。小川氏はカンテラをともして隣近所をたたき起こした。

小川氏は病身の宮田団長に代わって本部事務所の書類をまとめた。いざ疎開となれば書類より現金が先ではないか。在金庫7万2千円余り、百円、十円、五円の満札を大風呂敷に包んだが、なんとかさばったことか。

長野菊枝氏はその時まだ寝つかれずにいた。副団長の夫が応召したのは7月31日まだ1日そこそこで何かと生活に途惑いがあった。ようやくランプを消して床についたところだった。『食糧は弾丸だ』と増産のかけ声はきびしくなっていたが、ラジオは無い、しんぶんもたまにしか読めない。戦局の行方も心配したことがないのに、いきなり疎開せよといわれてもなんだろうという程度で不安は感じなかった。当時小学4年生を頭に4人の子どもを揺り起こして身回り品をまとめた。母子5人の当座の着替えばかりでトランク1個、1週間位の疎開だろうと一人判断して夫の形見すら思いつかなかった。とっさの母心で娘たちの晴れ着1枚ずつ詰めたのが精一杯の身支度であった。頭巾にモンペ、地下足袋で広場へ出た。開拓民の動揺を心配したのか疎開命令を持って帰って来た上村氏すら肝心のソ連軍侵入――関東軍の退避は聞かされていなかったのだ。みんな甘い判断をしたのも無理ではなかった。『一人残らず疎開せよ』牛馬や豚の管理は一日として手をぬくことができないのに――。宮田団長は容易ならない事態を予感した。しかしみんなに説明するすべはなかった。

午前零時頃、馬車がやって来た。ターチャと呼ぶ二頭の馬に引かせる二輪車30台、総勢300人が名前を呼び合いながら乗り始めた。その時である。『あ、満人が家財を持ち出している』誰の声だったか、たった今戸締まりをしてきた家並を振り返ると、あちこちに黒い人影がこちらの様子をうかがいながら戸をこじあける。闇の中を遠く近く10人、20人いやもっといるかも知れない。

日本人の動静には敏感な満人たちだ。村の近くにこんな大勢の満人が住んでいないはずなのにいち早く疎開を察知して集まって来たのだろう。大きな荷物、重い道具は二人がかりで持ち出す。白い包みは衣類やふとん、こちらの視線にたじろきもせず、しだいに大胆に振舞うのだった。あまりの事態の急変に、一行は動転した。思わず肩をよせ、子どもを抱きしめて、見守るばかりであった。

『今にあんたたち日本人は、たくさんの財産と墓標を残して引揚げねばならないよ』いつだったか長野菊枝氏は開墾に来ていた苦力の憎まれ口を聞いたことがある。気にも止めず聞き流していた一言が今脳裏を走った。

点呼してみると御手洗長見氏がいない。満人部落へ燃料買いつけに出かけたまま帰っていなかった。故郷を出る時から生死を誓った仲間だが一刻の猶予もならない。宮田団長は出発を告げた。こうして神門郷開拓村は空しく消えた」（171〜173ページ）。

③鄭家屯へ。

引用を続けます。

「疎開から一転して避難の途へ。神門郷を逃げ出した馬車の列が鄭家屯へ着いたのは13日午後3時頃である。荒野にのびる一本道はふだんの往来が少く、車の跡はあっても路面が固まっていない。雨上がりの湿気を含んだ赤土が車両に粘りつく。馬の蹄が前のめりに足首まで沈んで足を引っ張る。暴徒が襲って来はしないか、不安と焦燥にかき立てられて走り通したが40キロを15時間かかった。途中の東遼河で山守勇氏の祖母の葬儀をした。60歳過ぎての入殖で食物や風土になじめなかったのか、こちらに来てから往年の元気がなかった。老衰の気もあって寝込んでいたところに道中の無理や冷たい夜風が死期を早めたのであろう。夜明けの前に無言のまま息をひきとった。大陸に骨を埋める覚悟はできていたろう。しかしこんな事態になってみれば、いま一度故郷の土を踏ませてやりたかった。家族の腕に抱かれて往生できたのがせめてもの慰めであった。松田磨磋人氏（元渡川小教諭）に葬送の心得があった。遺髪を切って丁寧にこもに包み野花を供えてお経をあげ遼川の流れに送り出した。雨期あけて増水していたが川幅が広くなっただけで流れはゆるやか、こも包は別れを惜しむかのようにいつまでも岸辺にただよって離れなかった。

この流れを渡るのにひと騒ぎした。川幅３００ｍ、深さは大人の胸まででとても車では渡れない。しかし、ここで乗り捨ててはこの先5キロ余り歩かねばならない。全員下車して空車を渡し、男たちが年寄りを背負い、子どもを肩車にして二度三度と往復した。この間に荷物は渡し舟を雇って運んだ。ところが満人の船頭が舟に同乗していた長野夫人を人質にして荷物を強要、船首を下流に向けて行く、みんながすぐ気づいて駆けよったのであぶないところを助かった。

さあ、あとは鄭家屯へ一直線、道も良い。やーやーと馬の尻に鞭をあてた」（１７３～１７４ページ）。

燃料買いつけのため満人部落に出かけていた御手洗長見氏が一行の行方を捜し当てて帰って来た。そんな喜びもあって鄭家屯に入った。

「鄭家屯に出れば……県公署の町だ。軍隊も駐屯しているはずだ。しかしそれは空しい期待であった。町の様子は一変していた。数カ所から火の手があがって煙が空を覆っている。町に入ると満人が群れて石を投げる。何より日本人を見かけないのが不気味であった。とにかく駅へ。

一行を迎えてくれたのは僅か7人の憲兵であった。そこで始めてソ連参戦の事実を知った。国境全線を突破してソ連軍隊が侵入したのは9日未明、もう5日も前のことだ。関東軍は抗戦かなわずに撤退し、全土にわたって混乱が起こった。満人、朝鮮人も暴徒化して敵対行動に出ていると言う。とくに西部の蒙古国境から侵入したソ連軍は空からの爆撃と同時に戦車部隊で猛進撃している。鉄路づたいに南下し、今日は白城子が攻撃された。汽車で4時間足らずの町だ。鄭家屯も今夜か明日か。

『お互いに明日の運命もわからない事態である。最後は日本人らしくいさぎよく死んでほしい』憲兵はこう言って男たちに銃を配った。前夜から不吉な予感はあったが寝耳に水とはこの事か。大勢の女や子ども連れの開拓団に自衛組織をつくってみたところで、ソ連軍に向かって何程の事が出来得よう。

関東軍は通化に集結していた。そこまで脱出できれば——。ただ避難列車は2時間前に出たばかりだ、次の列車は翌日でないとやってこない。一行は車を降りて駅前旅館に入った。主人の話によると、町には幾人かの邦人が残留しているが、暴徒に身ぐるみ略奪された女性、鎌で首を切られた人があり、血なまぐさい事件が次々に起こっているので、一人歩きは絶対にしてはならないと。みんなの気を強くしたのは前後して愛媛県宇和島、徳島県祖谷の両開拓団400人が着いたことである。同じく双山一帯に入植していたいわば隣村の人たちだ。顔見知りもいた。神門郷と同じような経過で着のみ着のまま避難して来たのだ。

3開拓団を見届けるまでは――と町に頑張っていたい壱岐副県長と連絡がついて避難費用を受け取りに行った。総額は百万円、神門郷には70万円の配分であった。その金の始末を相談をしているところに小川正守氏に召集令状が届いた。こんな混乱の中にまさかと疑ってみたがまぎれもない赤紙だ。どんな事情にも優先する軍命令。宮田団長に代わって一行を指揮している立場なので思い余って団長に相談するとしばらく目を閉じて考え込んでいたが『今君が去ったら300人の運命はどうなるか。一切の責任は私が負うからこの令状は届かなかったことにしよう。決して他言しないように』団長は腹立たしげに赤紙を破り捨てた。宮田団長は南郷村の助役から単身で入殖した人。胸を病んでいて発熱が続き、故郷におれば絶対安静の重症患者であろう。責任感が強くどんな事態に直面しても冷静で見事な決断を下す人だった。避難の道中を振り返ってみても危機一発の団の運命を何度救ってくれたか知れない。故郷に引き揚げて間もなく亡くなられた。

狭い旅館で300人もが一緒に夜明しするのは危険である。3開拓団が申し合わせて駅のホームに集結した。町に残っていた一般居留民も合流した。悪夢のような一日が暮れ、あたりに夕闇が迫ってくるとまた一段と不安がつのってくる。明日の避難列車は大丈夫なのか。駅舎はからっぽ、通信連絡はとれない。もしソ連軍が侵入してきたら集団自決だ」（174~176ページ）。

④最後の列車

『旧史』の引用を続けます。

「14日の朝が明けた。無為に時間が経過するばかりである。どこからも何の連絡もはいってこない。あせりと疲労でいたたまれずに逃避難の意見があちこちから出てくる。『線路伝いに行けるところまで歩こう』元気な大人はそれもいいだろう。しかし年寄りや子どもをかかえた家族はどうなる。団がばらばらになってしまうのは明らかである。

『生きるも死ぬるも団員いっしょだ。個人行動はつつしもう』小川正守氏は全員を引き締めた。待ちに待った約束の列車がやって来たのは午前10時だった。無蓋の貨車23両編成、前から宇和島、神門、租谷の順で乗り込み神門郷は7両の割り当て、前夜焼き残した毛布を敷き、釜を積み、米も十分確保した。1升瓶を水筒代わりに並べた。道中の賑やかさにと憲兵が旧式のラッパ蓄音機と流行歌のレコードまで持ち込んでくれた。『列車が出るぞ　最後の列車だぞ！　日本人はいないか！』やがて発車、はりつめていた気分が一度にゆるみ安堵のため息がもれた」（176～177ページ）。

⑤終戦に泣く

『旧史』の引用を続けます。

「通化に着いたのは15日正午少し前だった。さすが関東軍が集結した最後の抗戦の地、営舎にあふれた兵士たちが町はずれまで野営している。駅頭を右往左往しているのも日本人ばかりである。列車がホームに着くと警備の兵士たちが駆けよって来た。『けが人はいないか。病人は申し出よ』

『どこの開拓団だ。出身地は――』初めて聞く同胞の慰めであり励ましである。しかし相次いでなだれ込む避難民の様子は哀れであった。列車やトラック、また歩いて逃げてくる群れ。負傷者が多い。国境方面の戦禍は暴徒の略奪どころではない。ソ連軍の非道な攻撃の恐ろしさが刻々に伝えられていた。団長代理の小川氏は駅長室に行った。到着の報告や落ち着き先きも認めたかった。将校たちが直立不動の姿勢でラジオを囲んでいる。天皇陛下の重大放送があるという。国歌が流れる。雑音の中からおごそかな響、疲れた体がはっと引き締まる。一瞬の間で陛下のお声、よくは聞きとれなかったが終戦の詔勅だった。立ったままこみあげる涙を押さえきれずに目に手をやるもの、声を上げて泣き出す兵もいた。小川氏はホームに帰ってみんなに終戦を告げた。しかし誰も無感動で兵士のような悲しみのようすもなければ喜びもない。悪夢のような三日間の疲労で虚脱状態にあったのだろう。無言のままであった。

貨車に乗ったまま途方に暮れていると、やがて元地復帰――とんでもない指示である。避難した村がどうなったか。五族協和と言いながら長年の圧政から解放された満人たちの怨恨の村に、いまさらどうして帰ることができようか。この上は一日も早く故郷へ――こう決意した宮田団長は軍と談判して説き伏せた。

軍も浮き足立っていたのである。一般邦人は次々に南下していく。開拓団を乗せた列車も、その日のうちに朝鮮へ向かって発車した。途中ソウル（京城）で乗り替え同じ無蓋貨車で釜山に着いたのは8月25日神門郷を出てから14日目であった。

長旅の間に集団赤痢が発生、黒木常四郎氏の3歳になる娘が車中で息を引きとった。黒木氏は3日も遺児を背中におんぶしたまま、一緒に連れて帰るのだと半狂乱の状態は哀れを誘った」（177～178ページ）。

『旧史』の「七　木村政太郎氏の幸運の苦労」（179～180ページ）は省略しました。

⑥無傷の帰国

「さて神門郷開拓団の一行は韓国との引き揚げ交換船の第1便で9月3日に釜山を出港して帰国した。総勢300人途中で2人病死したが一人の犠牲者も出さずに元気に故郷の土を踏んだが、南郷村にはもはや帰るべき家は無かった。耕す田畑もみんな人手に渡ってしまっていた。先遣隊が出発したのは1年前（ママ。2年半前）である。遅れて参加した組はつい4カ月前に渡満したばかりなのに……わざわざ満州まで財産捨てに出かけたようなもの、なんという悪運をつかんだことだろう。親兄弟や親族のもとに落ち着く事の出来たのはごく僅かしかなかった。南郷青年学校長友貞幸校長長期出張不在のため、黒田英雄村長、前田捨五郎助役、岩原勗主席教諭3人は、談合してほとんどの家族に南郷青年学校を間切りして住まわせ再起を計らせた。

避難の時の配分金が当座の生活費、独身者の3千円から家族数によって6千5百円まで　初めは大金のようだったが、家財を揃えインフレが進み、将来の目途もたたないうちに出費ばかりかさんでいく。この秋に前後して3度も強い台風が荒れ狂った。その中でびくともせず建っているかつての『わが家』を見つめていると無念の涙が流れる、しかし誰を責めようもない．村役場の行為で9月末に解団式が開催された。労をねぎらい無事を喜んでくれる村人は多かったが慰めにはならなかった」（180～181ページ）。

その年の暮れから翌年春にかけて、帰村者たちは村役場のあっせんで児湯郡川南町唐瀬原にそっくり集団入植した。

(2) 南郷村の満州「神門郷」開拓団

『旧史』に書かれた「神門郷」の叙述は、満州での開拓団の暮らしが少しですが述べられており、突然「疎開命令」が出されて帰国の途へ追い立てられていく団員の危機的な状況が活写されており、臨場感のある報告文になっています。そのため、長々と『旧史』の文章を引用させてもらいました。

さて、神門郷の人びとの帰郷を振り返ってみます。1945（昭和20）年のこと。

8月12日　午後10時、即刻の「疎開命令」伝えられる。
13日　午前0時頃、2輪の馬車30台到着。団員300人が乗車。
途中、山守勇氏の祖母なくなり葬送する。遼川を渡る。
午後3時に　鄭家屯着。町は一変していて煙が空を覆っていた。
ソ連軍が国境へ侵入し、白城子が攻撃されたという。
愛媛県宇和島、徳島県祖谷の両開拓団400人到着。

3開拓団駅ホームに集結。
14日　午前10時　23両編成の無蓋貨車到着。神門郷は7両の割り当て。
15日　正午少し前　通化着。関東軍が集結していた。開拓団を乗せた列車はその日のうちに朝鮮へ向かって発車。
途中ソウル（京城）で同じ無蓋車に乗り替えた。
長旅に赤痢が発生し、黒木常四郎氏の3歳の娘亡くなる。
25日　釜山到着。神門郷を出て14日目。
9月3日　釜山を出港して帰国（韓国との引き揚げ交換船の第1便で）。

神門郷開拓団の人びとが、2人の病没者を除いてみんな無事でしかも早く帰国できたことは本当に幸いでした。その最大の理由は入植した神門郷が満州の辺境の地でなく四平市近くの鄭家屯駅から40キロのところにあったことでしょう。夜遅くとはいえ、疎開命令が出されたその日のうちに、団員300人が全員乗ることのできる馬車を30台出してくれました。その馬車で翌日には鄭家屯駅に着きました。待たされはしたけれど団員まとまって乗ることのできる列車も来ました。そして一路朝鮮に向かい帰国できたのです。

満州開拓団や満蒙開拓義勇軍については関東軍や政府にも見捨てられ、悲惨な状況が引き起こされました。宮崎県からの開拓移民や満蒙開拓少年義勇軍についてはその顛末について知ることができません。南郷村の『旧史』の１７０ページの1行「こうして開拓移民した宮崎県内の農家とその子弟は５０００人を超えていたと推定されているが詳細な記録は保存されていない」を引いて終わりとします。

（２０２1年2月21日）

〈参考文献〉

「満蒙開拓団　虚妄の『日満一体』」　加藤聖文著　岩波現代全書
「満洲国『民族協和』の実態」　塚瀬進著　吉川弘文館
番号１９８３　地方長官会議（一）昭和19年
　〃　地方長官会議（二）　〃
簿冊タイトル　経済更生　Ｓ12－14　番号１１０３７５
　〃　経済更生　Ｓ18　番号１１０３８５
　〃　雑書、秘書（宮第十六の一）
　軍都計画
（右記5冊は宮崎県文書センター所蔵）
『南郷村史』　南郷村史編集委員会編　昭和47年10月印刷発行
『南郷村史』　南郷村史編纂委員会編　平成8年3月30日発行

第3節　戦跡としての「八紘一宇（はっこういちう）」の塔

宮崎市街地の北西部、かつて「八紘台（はっこうだい）」と呼ばれた丘の上に県立平和台公園があり、そこに〝「八紘一宇」の塔〟が建っています。かつて塔は「八紘塔」とか「みはしら」と呼ばれたので、この塔の建つ高台は「八紘台」と呼ばれました。塔の正面には「八紘一宇」と大きく刻まれています。

では、この塔はどのような経過で建てられたものでしょうか。「平和の塔」と呼ばれることもありますが、「平和」を象徴するような塔ではありません。

「八紘一宇」の塔

1　「八紘一宇」の塔とは何か

(1)　「八紘一宇」は何を意味するか

塔の正面に大きく「八紘一宇」と刻まれ

ています。このことばは、戦争中は大変重要な意味を持ちました。

では、「八紘一宇」とはどういう意味のことばだったでしょうか。このことばは次のように造語されました。「日蓮宗系の国家主義者田中智学（たなかちがく）が……『日本書紀』に記述されている『六合（くにのうち）を兼ねもって都を開き、八紘（あめのした）を掩（おお）いて宇（いえ）と為（せ）む』という神武天皇の奠都（てんと）（都を定め、開くこと）の令から造語したといわれている。八紘＝世界をおおって一つの宇＝家にする、すなわち天皇を中心に世界を一つの家のように統一する、という意味である」（『新編 石の証言』145ページ）。

「八紘一宇」のことばを造語した「田中智学は陸軍士官学校や陸軍総監部で講演をしたり、陸軍の社交倶楽部（くらぶ）『偕行社（かいこうしゃ）』の機関紙に巻頭論文を寄稿したりして陸軍に深く関わっていた。軍部が智学の『八紘一宇』の思想を積極的に受け入れたのは、それが日本の引き起こしてきた戦争を『聖戦』として根拠づけていたからであり、さらにその『聖戦』を引き起こすべき日本固有の『国体』を『正当』なものとして位置づけたからである」（前掲書148ページ）。

また、『現代 教育学事典』はこうも説明しています。「世界恐慌の勃発を機に、軍部が台頭、天皇制ナショナリズムはその排外性と侵略性を露骨にし、ファシズムを生み出す。そして、天皇を戴く日本が世界支配を成し遂げるとする『八紘一宇』（世界を1つの家にする）の精神が説かれ、青少年・国民は忠君愛国の思想にもとづき、『一旦緩急アレバ義勇公ニ奉』ぜよと侵略戦争に総動員されることになりました」（『現代 教育学事典』「ナショナリズムと教育」の項）。

(2)「八紘一宇」の塔の建設

①塔建設の背景

日本は1931（昭和6）年9月、満州事変を起こして「満州」全域を占領し、翌年には日本の傀儡（かいらい）（操り人形の意）国家「満州国」をつくりました。さらに、1937年7月7日の盧溝橋事件を契機に日本は日中全面戦争に突入しました。日本の軍部・政府は中国の首都南京を占領すれば中国は降伏し戦争は片付くと考えていました。ところが中国は首都を重慶に移し徹底抗戦の体制をとったのです。1936年12月の西安事件により翌37年には第2次国共合作が成立し、中国国内に抗日民族統一戦線が結成され、また、欧米諸国も日本の動きに警戒感を強めていたという事情があったのです。

日本軍は1937年12月、南京大虐殺事件を起こして南京を占領しました。翌年10月には武漢三鎮（現武漢市）を占領しますが、戦線は拡大するばかりで戦争の行方は見えなくなっていました。この頃、日本は中国戦線に100万に達する大軍を送る状況に陥り、国内の戦争熱は失せ、厭戦（えんせん）気分がただよい始めていました。

このようなとき、紀元2600年を迎えるのです。

②紀元2600年奉祝事業と「八紘一宇」の塔の建設

政府は、1935年10月に「紀元2600年祝典準備委員会」を発足させました。1940(昭和15)年は神武天皇が即位した紀元前660年から2600年目にあたるとして、奉祝事業の準備を始めたのです。奈良県の橿原(かしはら)神宮や陵墓の整備などを行いました。1937年には、紀元2600年奉祝会を創設し、紀元2600年に当たる1940年には日本万国博覧会と第12回オリンピック東京大会の同時開催を計画しました。しかし、戦局の悪化で双方とも中止もしくは返上せざるを得なくなりました。

1940年11月10日には、皇居前広場に寝殿造りの月華殿(げつかでん)がつくられ、そこに天皇、皇后を迎えて政府主催の紀元2600年奉祝式典が開催されました。奉祝行事は全国各地をはじめ、植民地、日本軍の占領地域などでも行われました。

1937年6月に相川勝六が宮崎県知事に就任しました。敬神家である相川は宮崎県が「皇祖発祥の地」だとして思いを深くしたといわれます。

相川知事は宮崎神宮の神域拡張を国に働きかけて予算を付けさせました。また県の独自事業として巨大な記念塔の建設を思い立ちます。その目的は、現に進行中の戦争を「聖戦」としてその貫徹のためだと述べました。

1938年10月、「紀元2600年宮崎県奉祝会並びに祝典事務局」を設置し、自らが会長となり、この会で「八紘一宇」の塔の建設が承認されました。塔のデザインは相川の依頼で大分県臼杵市出身の彫刻家日名子実三に決まりました。塔に掲げる「八紘一宇」の文字は、昭和天皇の弟秩父宮の筆跡です。

国内外に「献石」と「献金」が呼びかけられました。相川は陸軍大臣板垣征四郎にも献石の協力要請をしました。要請を快諾した板垣は「在中在満の各部隊」へ「各々2個、1個は師団司令部所在地付近の石、1個は第一線付近の、皇威の及べる極限点付近のもの」を送れと命令しました。

1939（昭和14）年2月11日、宮崎県は「紀元2600年宮崎県奉祝会設立趣意書」を発表し、その中で次のように述べました。

「神武天皇のご肇国は日本国土はもとより全世界の罪穢れを祓い、これを化育し、之を掩うて家となすのご精神と拝察致します。今や今上陛下は神武天皇の八紘一宇のご精神を東亜に顕現せんとして聖戦を進め給うのであります。又之ガ皇国無窮の理想であります。故に神武天皇ご東遷の宮址たる皇宮屋付近の適地を選び、石造り堅牢の純日本式にして崇高壮大なる萬古不易の八紘之基柱を建設致します」と。

この塔の正式名称は「八紘之基柱」（あめつちのもとはしら）と決定されました。

「八紘之基柱」（「八紘一宇」の塔）は、基底部が正方形で周囲が約65メートルあり、高さは36・4メートルです。塔全体の構造は鉄筋コンクリート造りですが、外部はコンクリート製のブロックを配置して段々と石を積み上げたような形にし、上部は次第に細くなっています。塔は神主がお祓いに使う御幣の形に見えるようにデザインされました。塔の正面には「八紘一宇」の文字が大きく刻まれ、塔の中腹四隅に身の丈4メートルの4つの像（荒魂像・武神、奇魂像・漁人、幸魂像・農人、和魂像・工人）が置かれています。

塔の正面、下の方に銅製の扉があり、塔の内部に入れるようになっています。塔の設計者日名子実三は塔の内部を「厳室」と呼び、「八紘之基柱」の魂ともいうべき部屋といいました。銅製の扉には日名子実三作の神武東征神話の船出の様子が浮き彫りされています。

塔内部への入口の扉

厳室内部には、日名子の作った8枚のレリーフが架けてあります。その8枚は、南米大陸の図、大東亜の図（軍事力を背景に「八紘一宇」の実現をめざす）、国土奉還、天孫降臨、波限の産屋、明治維新、民族協和（「満州」の場面で、日・満・支の子どもたちが手をつないでいる）、紀元元年、です。

この塔は1940（昭和15）年の「皇紀2600年」奉祝事業の一環として建設されたものです。なお、この塔の建設には愛国婦人会や祖国振興隊などを通じて県内の婦人や青少年らが動員されました。

国・県の２６００年奉祝事業を年代順に見てみましょう。

１９３４　宮崎神宮に秩父宮を迎え、神武天皇東遷記念２６００年祭（神武の東遷は大和まで６年かかったので２６００年の６年前に記念行事を行った）。

１９３５　内閣に紀元２６００年祝典準備委員会設置。奈良県の橿原神宮などを整備。

１９３７　盧溝橋事件。日中全面戦争へ。
　　　　　相川勝六、宮崎県知事に就任。財団法人紀元２６００年奉祝会設立。

１９３８　紀元２６００年宮崎県奉賛委員会協議会開催、大祖国塔建設を決定。

１９３９　「八紘一宇」の塔起工。
　　　　　陸軍省板垣征四郎大臣、派遣軍または師団ごとに各２個を献石せよと通知。相川知事、広島県知事に転任。後任は長谷川透知事。

１９４０　紀元２６００年奉祝東亜競技大会（神宮外苑）。
　　　　　紀元２６００年奉祝式典（皇居前）。
　　　　　「八紘一宇」の塔竣工。

１９４１　「皇軍発祥之地」碑建立（宮崎市の「八紘一宇」の塔近く）。

１９４２　「海軍発祥之地」碑建立（日向市美々津）。

③塔の礎石に使われた石はどこから送られてきたか

『新編 石の証言』には、塔の礎石について次のような説明があります（36〜38ページ）。

「『八紘一宇の塔』は1879個の石で築かれています。そのうち『八紘一宇』の塔の基壇にある礎石には1485個の『寄贈団体』名のある切石がはめこまれています。切石には『南京日本居留民会』『中支志賀中山隊』『佐賀県神職会』『国婦千葉県支部』『満州奉天市』『台湾総督府』……などという文字が刻まれており、それらは石を寄贈してきた団体名です。

【送り主が刻まれている切り石1789個の内訳】

○当時の日本の植民地および占領地から

中国（占領地、日本軍支配地、満州・関東州）……198個

朝鮮……123個

台湾……40個

樺太・パラオ……各1個

○その他の海外から

カナダ3個　アメリカ2個

フィリピン・ドイツ・ペルー・シンガポール……各1個

○国内および宮崎県内から……1417個

海外からの石のほとんどは、当時日本が軍事的に支配していた地から運ばれています。中国から送られてきたという石には、日中戦争当時、大陸に侵攻していた日本軍部隊の名前が多いし、旧

『満洲国』からの石も目立ちます」（前掲書）。

2 戦後と「八紘一宇」の塔

1945（昭和20）年8月15日、日本はポツダム宣言を受諾して連合国に無条件降伏しました。その結果、日本は植民地・占領地の放棄、戦争犯罪人の処罰、民主主義的傾向の復活強化、基本的人権の尊重を国際社会に向かって約束したのです。これまでの軍国主義を一掃することになりました。こうなると、戦争の塔であった「八紘一宇」の塔は従来の姿で立っていることは許されないことになりました。

(1) 「八紘一宇」の塔の「平和の塔」への偽装

1945年8月末から米軍の日本進駐が始まり、連合国軍総司令部（GHQ）による日本占領・間接統治が開始されました。宮崎県には11月までに1000人の米軍が進駐し、占領軍民生部が設置されました。

「GHQは産業報国会の解散、天皇に関する自由討議、思想警察・治安維持法の廃止などを実行し、12月15日には『公文書において［大東亜戦争］［八紘一宇］の用語、その他その意味の連想が国家神道、軍国主義、過激な国家主義と切り離しえない文字の使用を禁止する』という『神道指令』を出しました」（前掲書111ページ）。

このような情勢の中で、「八紘一宇」の文字などの撤去が行われることになりました。「46年1月3日付の『八紘台に関する件』という県の文書には、軍政長官のマスマン少佐が『八紘一宇の文字を取り、背面の碑文を平和的なるものに取り替え及び4神像の武神を取って平和的なる神に換えたらよいだろう』と述べたと記されています。1月12日に『八紘之基柱』から『八紘一宇』の文字と4神像のうちの『武神像』『定礎の辞』、裏面の『大日本国勢記』、正面階段上り口にあった『由来記』が取り外され……ました」（前掲書112〜113ページ）。

米占領軍の宮崎進駐から1カ月そこそこで慌ただしく占領軍の意向を忖度（そんたく）してというか、「平和」への取り繕いが施されました。塔の正式呼称とされた「八紘之基柱」も廃止されました。「こうした対応に伴い、塔の名称もいつしか『平和の塔』となりました。しかし、この名称がいつ、どのようにして変更されたのかは不明です」（前掲書114ページ）。

「八紘一宇」の塔だったものがいつしか「平和の塔」と呼ばれるようになったことに伴って県は1957年、「塔」周辺一帯を「八紘台」に代わって「平和台公園」と命名しました。

(2) 塔の文字「八紘一宇」の復元

「1959（昭34）年6月、県、県議会、宮崎市、宮崎交通などは観光向けに『平和台整備打ち合わせ会』を開催し、武神像の復活、『八紘一宇』の文字の復活、駐車場の整備などを早急に進めることを申し合わせています。……1962年4月1日の都市公園条例で現在の『県立平和台公園』となりました」（前掲書117ページ）。

観光地としての「平和台公園」の整備が進められる中、取り外されていた武神像が日名子実三の力作だからとの理由で、宮崎交通社長岩切省一郎の製作・寄贈で復活しました。

東京オリンピックの年の1964（昭和39）年8月になると、県観光協会など24団体は「八紘一宇は、日本建国の正大なる理想であり、世界人類共通の悲願である」などの文言を書き込んだ陳情書をもって「八紘一宇」の文字の復元を県に求めました。オリンピックの終わった後の「12月26日、またもや岩切章太郎県観光協会会長らは、『八紘一宇』の文字復元を県に陳情しました。黒木博知事は議会にはからず、独断でこれを承認し、年明け早々の1965年1月8日、文字復元工事が強行されました」（前掲書119ページ）。工事は宮崎県労働組合評議会など県民の反対を押して強行されました。

「県立平和台公園」由来記

「八紘一宇」の文字の復元、「武神像」の復元は、元の姿への復元といえるでしょう。しかし、「由来記」の復元として建てられた「県立平和台公園」由来記（説明板）は元の姿そのままの復元では都合が悪いと考えたのでしょうか、別物として1971年、黒木博宮崎県知事の名によって復元されました。塔の史実に基づかない、虚偽の内容を盛った「由来記」が建てられました。例えば、「世界各地の日本人団体、友好諸国から寄せられた切石」とか、「八紘一宇の文字が永遠の平和を祈念して刻み込まれている」などと書かれているのです。

(3) 復元されない「定礎の辞」「大日本国勢記」とは何か

県民の強い反対があったにもかかわらずそれを押し切って復元された「八紘一宇」の文字、それに反し、なぜか復元されない「定礎の辞」「大日本国勢記」とはどのようなものだったのでしょうか。

① 「定礎の辞」

「定礎の辞」は塔の正面、厳室に入る入口の扉の左手に「八紘之基柱定礎式之辞」と銘刻されていました。そこには次のように書かれていました。

「恭シク惟ルニ、日向ハ大日本ノ祖国、天祖ココニ降誕シ、天孫ココニ降臨シ、実ニ我ガ神聖ナル皇室発祥ノ聖地タリ。恰モ皇紀2600年ノ嘉辰ニ当リ、畏クモ神武天皇皇居ノ霊域トシ、八紘之基柱ヲ建設シ、以テ宏遠ナル肇国ノ理想ヲ中外ニ宣揚シ、無辺ノ皇徳ヲ永遠ニ虔仰シ奉ラントス。伏シテ願ハクバ、○天后土、常磐堅磐ニコノ聖柱ヲ鎮護シ、千秋万古、皇国ノ昌運ヲ霊助シ給ハンコトヲ。稽顙敬拝。

昭和15年　庚辰（1940年）神武天皇祭日（4月3日）」

［注］嘉辰（よい日）、宏遠（物事の規模が大きく広く奥深いこと）、肇国（国をはじめること）、宣揚（はっきりと世に示し盛んにすること）、無辺（はてしがないこと）、虔仰（うやまいあおぐこと）、○天后士（○は誤字か、4文字意味不明）、常磐堅磐（物事が永久不変であること）、稽顙敬拝（額を地に着けて敬礼すること）

②「大日本国勢記」

「八紘一宇」の塔の背面にかなり大きなスペースをとって「大日本国勢記」、正式には「八紘之基柱大日本国勢記」という文章が陰刻されていました。その文章は次のとおりです。

はじめに「大日本帝国ハ神国ナリ」と宣言し、「天照大神筑紫日向ノ橘ノ小戸ノ檍ヶ原ニ降誕シ給フ。尋デ天孫瓊々杵尊……日向ノ高千穂ノ槵触峰ニ降臨シ給イ」、その子孫神武天皇が大和橿原宮に即位して皇基が確立したと述べています。「爾来、皇統連綿トシテ……（中略）……国運年ト共ニ隆昌ナリ。……（中略）……日清・日露ノ両役及ビ第一次世界大戦役ヲ経テ、国威弥々宣揚シ、皇化益々普洽ス。昭和六年、満州事変起ルニ及ビ、東洋平和ノ為メニ凶醜ヲ攘ヒ、遂ニ友邦満州帝国ノ創建ヲ見ル。昭和十二年、支那事変

復元されない「国勢記」
（大きな白い部分）

勃発スルヤ東亜永遠ノ平和確保ノ為メ国家ノ総力ヲ挙ゲテ之ニ当ル。聖戦既ニ四歳、皇威ノ及ブ所、北ハ黒竜江畔ヨリ、西ハ蒙彊ノ荒野ニ亙リ、北・中・南支を連ネテ、遠く南海ニ至ル」と。

以上の文章に続けて皇威の及ぶ帝国の範囲は極東、極西、極南、極北それぞれ北緯何度何分何秒、東経何度何分何秒と範囲を示し、南洋群島（委任統治）の範囲も北緯何度何分何秒、東経何度何分何秒とその範囲を示し、最後に「第二次世界戦役起リ、帝国ハ独逸、伊太利ト盟約シ、世界新秩序建設ノ偉業ニ邁進シ、以テ八紘一宇ノ大理想ヲ顕現セン」としている、と述べています。

［注］普洽（広く行き渡る）、凶醜（災いや悪行）、蒙彊（内モンゴルのうち旧チャハル省・綏遠省一帯を指す。日中戦争期に日本はこの地に傀儡政権を樹立した。）

3　天皇神話に依拠した「聖戦」遂行のための塔、それが「八紘一宇」の塔でした

紀元2600年奉祝事業の話が持ち上がったとき、わがところは神武天皇が幼少の頃育った地だ、神武天皇東征のために船出したところだ、東征の途次に滞在した土地だ、やれ寄港したところだななどと名乗りを上げた地がたくさんありました。宮崎県知事相川勝六は「神武天皇即位の地である橿原神宮の境域拡張等だけが奉祝事業として取り上げられ、神武天皇が長い間建国創業の準備をなした日向の宮崎神宮に対して何らの措置がないのは国家の大義名分上からも極めて公正を欠くと説いてまわりました」（『新編　石の証言』78ページ）。

このような事態に、「文部省は1938～1940年に当時の学会の総力を挙げて神武天皇神話に係わる土地を比定する大学術調査を実施した。1942年発行の『神武天皇聖蹟調査報告』は、記紀などの重要な文献やそれが触れている土地の状態に関連して、調査地を次の3段階に分類評価した。それは、①その地点・地域が推定できる『聖蹟』、②江戸時代を下らない時点で記録された価値のある伝説・口碑をもつ『聖蹟伝説地』、③伝説口碑はないが、何らかの重要な学説があり、且つ価値のある資料によって推考できる『聖蹟推考地』である」。「この3段階に分類評価した『聖蹟』『聖蹟伝説地』『聖蹟推考地』のどれにも宮崎県には該当地がなかったのです」（『日向市史別編　日向写真帖　家族の数だけ歴史がある』）。

宮崎県の神武伝説はこの程度のものだということを考えた上で、「八紘一宇」の塔は伝説の上に築かれた塔であったこと、「聖戦」の名をかたった侵略戦争遂行のために築かれた塔であったことを考えたいものです。

〈参考文献〉『新編　石の証言』「八紘一宇」を考える会編著　鉱脈社

（第3節で使用している写真はすべて「八紘一宇」の塔を考える会提供です）

第4節　中国人強制連行と槇峰鉱山事件

2016年6月、三菱マテリアルが責任を認め謝罪したことで、中国人被害者との間で和解成立！

1　中国人被害者、三菱マテリアルの謝罪を受け入れ、和解成立！

宮崎県北部の三菱鉱業槇峰鉱業所（現三菱マテリアル）に強制連行され奴隷労働を強いられた中国人被害者たちは、2004（平成16）年8月に日本政府と三菱マテリアルを相手取り謝罪と損害賠償を求めて宮崎地裁に提訴しました。地裁をはじめ高裁、最高裁も強制連行強制労働の事実を詳細に認定しましたが、時効などを理由に訴えの請求を認めませんでした。とはいえ、宮崎地裁は、裁判所が認定した歴史的事実に鑑み、道義的責任や人道的責任を真摯に受け止め、犠牲になった中国人の問題を解決するように努力していくべきだ、と判決に付言しました。この判決をだす前、地裁は、被告の三菱マテリアルに半年にわたって和解による解決を働きかけました。福岡高裁宮崎支部でも三菱に和解の勧告がなされました。

原告団にとって直接の勝利判決はなかったものの、各級裁判所は強制連行強制労働の事実を詳細に認め、この問題は解決されなければならないと被告三菱を呼びつけ和解の勧告を行ったことから、この裁判は事実上の勝利でした。しかし、三菱は国が和解の席に着かないことを理由に和解に応じませんでした。

旧三菱鉱業（現三菱マテリアル）は、関係の事業場12か所に3765人の中国人を連行・使役して722人を死亡させています。そのため、被害者及び遺族は北海道、東京、福岡、長崎、そして宮崎において三菱マテリアルを相手に訴訟を起こしました。その後の2014（平成16）年には、被害者・遺族は日本の裁判所は頼むに足らずとして、中国の北京市第1中級人民法院、河北省唐山市中級人民法院、河北省高級人民法院などにも訴えを起こしました。

2016年の記者会見（宮崎日日新聞社提供）
左から、弁護団長の成見幸子弁護士、支える会の福田鉄文、水永正継さん

2016年6月1日、中国・北京において、三菱マテリアルが中国人の強制連行・強制労働を実行したとして、その事実を認め深甚な謝罪をしたことで、中国人被害者や遺族の代表は、その謝罪を受け入れ、和解が成立しました。槇峰鉱山に連行された宮崎裁判の原告団は、三菱が法的責任を認めないなどの理由から和解に加わりませんでした。

宮崎裁判の弁護団と中国人戦争被害者を支える宮崎の会（以後「支える会」と略します）は、長年中国人被害者を支える運動をしてきた立場から、同じ6月1日、宮崎市において記者会見し、和解を評価しつつも、和解に応じなかった宮崎裁判原告団の考えを支持し、引き続き支援活動を継続すると声明しました。

2　中国人強制連行・強制労働事件とは

アジア太平洋戦争の末期には、男子がことごとく兵役に取られたために、国内の労働力が極度に不足しました。それを補うために、朝鮮人や中国人が国内に強制連行されました。

中国人は、約4万人が中国から連行され、日本の鉱山や炭鉱、土木工事、港湾荷役など35企業の135事業所に配置されました。そこでは奴隷的な労働が強制され約7000人が死亡しました。死亡率は17・5%です。ソ連によるシベリア抑留の死亡率が10%といいますから、それに比べて異常な高さです。この135事業所の1つが槇峰鉱山で、それは延岡市北方町と日之影町の両方にまたがってありました。槇峰鉱山（現三菱マテリアル）は、すでに閉山していますが、当時は三菱鉱業の中核鉱山でした。

鉱山跡地に建つ中国人殉難者慰霊碑

銅鉱山でしたので、戦時中はとくに国の強い増産要求を受けて人手不足に悩んでいました。そのため鉱山は、政府に中国人労働者を要求したところ、厚生省（現厚生労働省）は２５０人を配当しました。この２５０人は、鉱山において65人が死亡し、中国からの連行中と帰国の途中に12人が死亡しました。帰国できたのは１７３人でした。死亡率は実に30・８％です。

３　強制連行・強制労働の実態を調査

中国人戦争被害者を支える宮崎の会（略称　支える会）の人びとは、槇峰鉱山事件に関する国内資料を集めて事件全容の調査を始めました。しかし、国内の資料だけでは事件の真実は分からないと考え、１９９８（平成10）年に初めて訪中調査を行いました。このとき、山東省禹城市で安保翠、劉少明、王子利の３氏に会うことができました。彼らは、農作業中や行商中に、あるいは良い仕事があるとだまされて、日本軍や日本軍に協力する傀儡政権の者たちに拉致されました。槇峰鉱山に連行された14歳の少年を含む２５０人のほとんどは山東省からの人びとで、中でも禹城市（当時は禹城県）からの連行が最も多く97人でした。支える会の人びとは禹城市に調査に行ったとき、市当局者は禹城市から日本へ連行された被害者は５１０人ほど分かっているといっていましたから、槇峰鉱山に連行された97人は５１０人中の人たちだったのでしょうか。

当時山東省は日本軍の占領下にあり、この地域一帯を暴力的に支配していたのは、支那派遣軍の北支那方面軍第12軍第59師団（衣師団、師団長・細川忠康中将）でした。この師団に所属する1中隊が禹城市に本部を置いていました。

華北には晋察冀辺区や晋冀魯豫辺区などの抗日根拠地があったことから日本軍の三光作戦（奪いつくす、焼きつくす、殺しつくす）がくりかえされていました。また、日本軍は「労工狩り」作戦・「ウサギ狩り」作戦などと称して中国の民衆を暴力的に「捕獲」しました。そして捕まえた彼らに食べ物はもちろん水さえも満足に与えず、槙峰鉱山など日本各地に連行したのです。槙峰鉱山では、中国の人びとは朝暗いうちから坑内に入り暗くなって出ました。いつも空腹で人間以下の扱いを受けながら労働を強いられました。

4　被害者、訴えを起こす

支える会の人びとが2回3回と訪中調査を重ねているころ、中国人強制連行・強制労働事件にかかわる訴訟が国内あちこちで進行しており、2000年11月には、花岡鉱山事件（秋田県）の訴訟で和解による解決がありました。このような情勢のもとで、槙峰鉱山事件の被害者や遺族たちも、訴訟を起こす動きを始めたのです。

槙峰鉱山事件の調査をしていた支える会は、中国人強制連行・強制労働事件全国弁護団や宮崎県内の弁護士の皆さん方と相談しつつ、中国人被害者の訴訟を支援することにしました。裁判は、槙峰に強制連行された被害者や遺族13人が原告となり、２００４年８月10日、国と企業（三菱マテリアル）に謝罪と賠償を求めて、宮崎地裁に提訴して始まりました。

５　裁判支援の運動

支える会は、多くの県民に呼びかけて会員を募り、槇峰裁判支援会を発足させました。会員は２５０人にもなりました。

宮崎地裁に向かう原告劉清江さん（右から２人目）と、弁護団と支援者たち

裁判支援会の結成総会

裁判支援会は、次のような活動を行いました。

①　槇峰鉱山事件の事実を多くの県民に知らせるため、県内各地で講演会や写真展などを開催した。街頭宣伝や県庁前でビラ配布なども行った。

②　多くの人に裁判を傍聴してもらい、裁判を盛り上げ、公正な判決を求めた。公正判決を求め

1審判決内容を報告に済南を訪れた弁護団と支援者

る署名運動も行った。

③　原告団を招き証言台に立ってもらった。そのための費用、支援運動のための募金活動にも取り組んだ。

④　全国各地で争われた裁判闘争の経験交流の会議、弁護団との協議会などに参加した。政治解決、和解解決のための国会議員への要請行動、三菱マテリアルへの解決要求の行動も行った。

⑤　毎年12月3日に、鉱山跡地に建つ「中国人殉難者慰霊碑」（2の項の写真）の前で追悼集会を開いている。

6　歴史的事実を認め謝罪と賠償を！

日本が行った侵略戦争の中で引き起こされたさまざまな問題の一つとして、被害者中国人は、日本の政府や企業の責任を問うて裁判を起こしました。その裁判で、中国人原告の訴えは、時効や国家無答責（旧憲法下では、国・公共団体は行為の責任を問われない）などの理由で退けられました。しかし、中国人被害者に敗訴判決を出した裁判所自体が、この問題は被害者、国、企業の3者間で解決が図られなければならないと主張して、和解解決の努力を行いました。

裁判所は、強制連行・強制労働槇峰事件の中国人被害者の訴えをどう判断したのでしょうか。2007（平成19）年3月、宮崎地裁は請求棄却、2009年3月、福岡高裁宮崎支部も控訴棄却、そして最高裁も2010年5月、上告を棄却しました。中国人被害者の訴えは認められませんでした。しかし、この裁判の判決は、原告が事実上勝ったともいえる内容だったのです。

① 国、企業の行為は〝強度の違法性を有する〟！

宮崎地裁は、鉱山に中国人到着後休養をとらせたとか、衣食住などについて十分配慮したとか、賃金を支払ったなどとの三菱の主張を「信用性がない」と切って捨て、一方で、強制連行・強制労働に関する原告の訴えを「具体性・迫真性に富んでいる」と認めました。そして、「被告国の関係機関が、強権的・優越的な立場に立つものとして原告らを卑劣な手段を用いて遠い異国に無理矢理連行し、もはや逃れようもない状態に陥らせた上で、同様の立場に立つ被告会社の職員らが、劣悪・過酷な条件ないし環境の下で、しばしば強圧的・侮辱的言動も浴びせながら、これまたその意思に反して無理矢理労働させたものであるところ、これらの行為は、甚だ人道に反し、原告らの人格権（人間の尊厳）を著しく侵害するものとして、強度の違法性を有するものというほかない」と断じました。

高裁判決報告に訪中した弁護団と支援会の人びと

そのうえで、地裁は、「当裁判所の審理を通じて明らかになった本件強制連行・強制労働の事実自体は、永久に消え去るものではなく、祖国や家族らと遠く離れた異国宮崎の地で原告らが当時心身に被った深刻な苦痛や悲しみ、この歴史的な事実の重みや悲惨さを決して忘れてはならないと考える」と述べ、最後に裁判長は「当裁判所の認定した本件強制連行・強制労働の事実に鑑みると、道義的責任あるいは人道的な責任という観点から、この歴史的事実を真摯に受け止め、犠牲になった中国人労働者についての問題を解決するよう努力していくべきものである」と付言しました。

宮崎地裁は、上記判決文のように、中国からの過酷な強制連行、鉱山での奴隷労働の事実を詳細に認めました。また裁判所は、判決に至る前、被告三菱を呼び、約半年にわたって和解による解決を働きかけました。福岡高裁も同様に事実を認め、和解解決を探りました。和解に至りませんでしたが、「事案が人道に関する深刻なものであり、……関係者の道義的責任を免れないものであると思料する、……関係者の和解に向けた努力を祈念する」と述べました。

② 県議会は、決議を撤回すべきです

宮崎県議会は、1999（平成11）年6月19日、「中学校社会科歴史教科書正常化に関する意見書」を可決しました。その内容は、「中学校で使用されている社会科歴史教科書に、確たる史実がないにもかかわらず『従軍慰安婦・強制連行』の記述がなされているのは、極めて不適当である」というものです。この県議会の決議は、その内容の誤りが、裁判所において明らかにされました。原告団は、強制連行の事実を認めた判決を受けて、宮崎県知事、県議会議長宛に決議の撤回を申し入れましたが、県も議会も誠実に対応せず、決議は今も生きているのです。県や議会の見識が問われます。

7 隣国との友好のために、この人権問題の解決を

中国人強制連行・強制労働事件の被害者中国人による日本政府と企業を訴えた裁判は、槇峰鉱山事件に限らずいずれも原告側の敗訴に終わりました。とはいえ、どの事件でも裁判所は強制連行・強制労働の事実を認め、被害者の人権を回復するように解決されなければならないとしています。被害者や裁判を支援してきた日本や中国の人びとは引き続き政府や企業に問題の解決を訴えてきました。このような中で、いくつかの企業と中国人被害者との間で、和解による解決が成立しました。2000年11月に花岡事件（秋田県、鹿島建設）、2004年9月に大江山事件（京都府、日本冶金）、そして2009年10月には安野事件（広島県、西松建設）、続けて2010年4月には信濃川事件（新潟県、西松建設）などがそれです。

8 中国人被害者、三菱マテリアルの謝罪を受け入れ和解成立！

① 各地の運動が三菱マテリアルを動かした！

槇峰鉱山事件を訴えた中国人原告による宮崎での地裁、高裁の訴訟を支援してきた支える会（裁判支援会）は、中国人強制連行・強制労働事件の現場が宮崎県内にあった事実を県民に知らせる活動を行いました。そのために槇峰事件の事実を明らかにしたリーフレットを発行したり、講演会や写真展を開催してきました。裁判支援を訴える街頭宣伝も行いました。

さらには、三菱マテリアル本社に出向き和解に応じるように要請もしましたし、本社前での街頭宣伝も行いました。

このような支える会の活動は、中国人強制連行・強制労働全国弁護団や宮崎の弁護団、中国人被害者が起こした各地の裁判を支える裁判支援会の皆さん方とも連携しながら運動をつづけました。このような運動が、裁判所も応じるべきと促していた和解に三菱マテリアルを応じさせたものと考えられます。

三菱本社前で解決を訴える原告と支援者

② 三菱マテリアル、人権侵害の事実を認め深く謝罪

三菱マテリアルは、その前身である三菱鉱業が3765人の中国人を受け入れ、劣悪な条件下で労働を強い722人を死亡させた、と事実を認めました。そのうえで、中国人労働者の「人権が侵害された歴史的事実を率直かつ誠実に認め、痛切なる反省の意を表する」。「弊社は当時の使用者としての歴史的責任を認め」中国人労働者およびその遺族に「深甚なる謝罪の意を表する」と表明しました。さらに、「弊社は、上記の歴史的事実及び歴史的責任を認め、且つ今後の日中両国の友好発展への貢献の観点から、本件の終局的・包括的解決のため設立される中国人労働者およびその遺族のための基金に金員（一人当り十万元）を拠出する。また、二度と過去の過ちを繰り返さないために、記念碑の建立に協力し、この事実を次の世代に伝えていく」と約束しました（括弧内は三菱の謝罪文より）。

③ 和解記念碑が完成！（中国人殉難者慰霊碑の山側左手前）

三菱マテリアルは、「二度と過去の過ちを繰り返さないために、記念碑の建立に協力」するとの約束を実行しました。三菱の拠出する基金をもとに、中国人強制連行強制労働全国弁護団と連携しつつ、宮崎裁判弁護団および中国人戦争被害者を支える宮崎の会が合同で「槇峰鉱山記念碑建立・運営委員会」を設立し、建設作業を進めました。

2021（令和3）年9月3日、記念碑建立の起工式を行い、11月25日には完成除幕式が行われ

ました。この日は10時から除幕式が行われ、11時から例年開催されている中国人殉難者慰霊祭も同じ場所で行われました。

除幕式は記念碑建立・運営委員会の会長、成見正毅弁護士が記念碑建立の経過と意義を述べ、延岡市副市長、日之影町長のあいさつを受け、中国人殉難者慰霊祭奉賛会の人びと、さらには三菱マテリアルの関係者も参加して盛大なものとなりました。

記念碑は幅７メートルあり、碑の中央に高さ２・67メートルの「日中友好平和不戦の碑」が建ち、その右側に中国語文の、左側に日本語文の碑文が刻まれています。そして、碑の裏面には槙峰鉱山に連行されてきた中国人２５０人すべての氏名が刻まれました。

三菱マテリアルの資金負担で完成した
日中友好平和不戦の碑（横幅７m、高さ2.67m）

碑文

第２次世界大戦中、日本国政府の閣議決定「華人労務者内地移入に関する件」に基づき、約３９、０００人の中国人労働者が日本に強制連行されました。その一部である３、７６５人の中国人労働者は、三菱マテリアル株式会社の前身である三菱鉱業株式会社及びその下請け会社がその事業所に受け入れ、劣悪な条件下で労働を強いられました。この間、722人という多くの中国人労働者が亡くなりました。

上記の中国人労働者のうち、250人が宮崎県にある槇峰鉱業所に配置されましたが、槇峰鉱業所に連行する途中に9人が死亡し、最終的に到着したのは241人だけでした。槇峰鉱業所の劣悪な労働条件下で65人が死亡、帰国途中も2人が死亡し、結局帰国できたのは174人でした。

2016年6月1日、三菱マテリアル株式会社によって、中国人労働者の人権が侵害された歴史的事実及び歴史的責任を率直かつ誠実に認め、痛切なる反省と深甚なる謝罪、哀悼の意が表明され、中国人元労働者との間で「歴史・人権・平和」基金の創設を約し和解されました。

「過去のことを忘れずに、将来の戒めとする。」私たちは、未来永劫日中両国の友好関係が発展していくことを願い、二度と過去の過ちを繰り返さないよう、「歴史・人権・平和」基金事業の下、延岡市、日之影町、中国人殉難者慰霊祭奉賛会の協力を得て、ここに「日中友好平和不戦の碑」を建立し、この事実を次の世代に伝えていくこととします。

2021年11月

「歴史・人権・平和」基金

「日中友好平和不戦の碑」建立委員会

＊　和解に基づく記念碑の碑文は、全国統一した文言にすることになっていますが、一部、地元事業所の中国人の状況を書き込むことが認められました。

9　一部の和解解決はあったが、未解決問題が残る

支える会は、2016（平成28）年6月の和解以後も、当初からの目標を維持し運動をつづけています。

① 三菱マテリアルが法的責任を認めないため和解に応じられなかった宮崎訴訟原告団の支援継続や、人権蹂躙の犯罪を犯しながら何らの謝罪もしていない国と35企業の内の残存企業の謝罪と賠償を求める運動は続いています。

② 槇峰鉱山跡地に建つ「中国人殉難者慰霊碑」の前では、毎年慰霊祭が開催されています。2021（令和3）年11月には、同じ場所に「日中友好平和不戦の碑」が建立されました。これからは、地元の中国人殉難者慰霊祭奉賛会と「日中友好平和不戦の碑」建立・運営委員会とが共同でこの2つの碑を守り、犠牲となられた中国人の霊を弔うとともに両国の友好・平和を求める場・機会となることを期待したいものです。

第3章

本土防衛から決戦へ。
すべてが破壊された。

第1節　沖縄県からの疎開受け入れ

1　疎開とは何か

太平洋戦争末期、宮崎県には沖縄県からたくさんの児童が先生たちに引率されて集団で疎開してきました。お父さんお母さんの元を離れてつらい思いをした暮らしを忘れられず、また、戦争のために再びこんなことが起こらないようにと願って、学童集団疎開の記念碑が宮崎県内には県北を中心に何か所も建てられています。それらの碑は、平和を願う記念碑となっています。

学童の疎開は、沖縄県からの疎開だけでなく、国の政策として東京都をはじめ多くの府県から地方へと戦争を逃れて疎開が行われました。

まず、「疎開」とは何でしょうか。太平洋戦争末期、都市に対する空襲が激化する中で、空襲被害を軽減するために、集中している人口、建造物などを分散したことをいいます。疎開は大きく3つに分けることができます。

生産疎開……軍需工場を大都市から分散した。

建物疎開……空き地帯をつくるため。重要施設（官公署や軍事施設、軍需工場）を守るため、周囲の民家を取り壊し空き地をつくった。
人員疎開……老人や婦女子を都市から疎開させた。組織的には学童疎開。
（『世界大百科事典』平凡社より）

政府や軍部は、原則として〝避難はするな〟〝わが家はわが手で守れ〟といっていました。国民は「自己の持ち場を守れ」と説かれていたのです。東条英機首相は「国民精神の基盤は日本の家族制度であって死なばもろともという気概が必要だ。家族の疎開などもっての外である」と発言していました。

ところが、空襲が始まってみると、それは、わが手でわが家を守れるというような生やさしいことではなかったのです。

〈疎開に関する略年表〉

1942（昭和17）年

4月18日　米陸軍機B25の16機による日本本土初空襲（ドゥーリットル空襲、東京・横須賀・名古屋・四日市・神戸）。この直後、住民、生産施設の疎開、分散を具体化した。

1943（昭和18）年

9月21日　官庁・工場・人口の疎開方針決まる。

12月10日　文部省は学童の縁故疎開促進を発表。

12月21日　都市疎開実施要項発表（東京都と重要都市を強力な防空都市とするために人員・施設・建築物を疎開する）。

1944（昭和19）年

1月26日　防空法による疎開命令発布〔東京と名古屋に初の建物疎開命令を発表〕。

6月15日　米軍、サイパンに上陸開始（7月7日、日本軍全滅）。

6月16日　米軍B29北九州の製鉄所爆撃（中国の成都（せいと）発）。

6月30日　B29による本土空襲必至となり、「学童疎開促進要綱」を閣議決定。

8月4日　東京の学童集団疎開第1陣が上野駅を出発。

8月19日　宮崎県へ沖縄からの学童集団疎開第1陣到着。

8月22日　沖縄からの学童疎開船対馬丸（つしままる）が米軍潜水艦により撃沈され、学童7百数十人が死亡。

2　沖縄県からの一般疎開

(1)　一般疎開と学童集団疎開

疎開の略年表で示したように、1943年9月21日、「人口」疎開の方針が決まり、同年12月10日には文部省が学童の縁故疎開（親類や知人を頼ってする疎開）促進を発表しました。ついで44年

6月30日に、学童疎開促進要綱を閣議で決定します。

このような経過で人の疎開が行われたことを見れば、疎開は、縁故疎開・一般疎開から始まり学童疎開と続きました。

一般疎開は、疎開を禁じられた男性は含まれず、女性と子ども、子どもには当然学童も含まれました。このような家族の集団が戦火を逃れて疎開したのです。

日之影（ひのかげ）町史には、疎開に関して次のような記述があります。

「疎開を受け入れる九州の各県では、青年学校や国民学校の校舎を使って受け入れを準備することになった。西臼杵郡では、8町村で600名の受け入れを準備し、町村単位に疎開者後援会を組織し援護活動に備えた」（『日之影町史』1054ページ）。

「本県は当初一般疎開（家族ぐるみの疎開）と、集団疎開（家族で疎開できない児童を学校ごとにまとめての疎開）を合わせて15、000名が割り当てられたが、最終的には11、500名であった」（同1055ページ）。

(2) 沖縄からの一般疎開

宮崎県民政労働部編で宮崎県が発行した『宮崎県社会事業史』という冊子があります。

この中に、「沖縄の疎開受入援護事業」という1項目があります。その文章を以下に引用しましょう。ここにいう「沖縄の疎開」は沖縄からの一般疎開のことで学童集団疎開ではありません。

「戦火がしれつをきわめるにつれて『食糧事情ノ逼迫ト国土防衛ノ強化』の関係から沖縄及び大島等西南諸島からの疎開が開始されたが、これは政府の要請に従い鹿児島県、熊本県及び本県に特にこれが受け入れを指示され、実施されたものである。

本県もこれら疎開者の住宅、食糧等について市町村及び関係機関の協力を得てその受入体制を整え、次表に示すとおり昭和19年9月以降3、527世帯、11、683人を主として公会堂、寺院、その他公共建物等を利用して受入れ、援護に当った。

……2行略

特に宮崎市においては、当時東大島町に川崎航空株式会社が工員住宅を設置していたが、戦争末期のためこれが放置されていたのでこれを利用して受け入れた」……以下略（109ページ）。

引用文の中に「次表に示すとおり」とあるように、次ページ（142ページ）に「沖縄疎開受入状況」という表が掲載されています。この表によれば、当時の県内75という数多くの市町村が疎開の皆さんを受け入れたことが分かります。

宮崎県に来た一般疎開の皆さんは3、527世帯、11、683人です。そうすると、一人の母親が2人ないし3人の子どもを連れていたことになります。子どもたちの中には未就学の子どもが当然いたことでしょう。それにしても、学童集団疎開で宮崎県に来た子どもたちと先生や世話人などを含めた総数が3、123人（三上謙一郎著、『沖縄学童集団疎開』の中の「学童集団疎開受入一覧表」より算出）と比べてなんと多いことでしょう。

〔沖縄疎開受入状況〕

郡	市町村別	世帯数	人員
	宮崎市	351	
	都城市	56	
	延岡市	73	
	計	480	
宮崎郡	清武	59	
	田野	38	
	生目	63	
	瓜生野	31	
	那珂	49	
	佐土原	28	
	広瀬	43	
	住吉	30	
	木花	6	
	青島	6	
	計	353	
南那珂郡	飫肥	6	
	吾田	2	
	油津	6	
	東郷	—	
	鵜戸	—	
	北郷	41	
	酒谷	10	
	細田	8	
	南郷	6	
	榎原	—	
	大東	—	
	福島	1	
	北方	—	
	本城	16	
	市木	—	
	都井	—	
	計	96	
北諸県郡	中郷	63	
	三股	61	
	山之口	49	
	高城	37	
	志和池	12	
	庄内	42	
	西岳	48	
	山田	23	
	高崎	87	
	計	422	
西諸県郡	小林	65	
	高原	106	
	野尻	118	
	須木	16	
	飯野	80	
	加久藤	112	
	真幸	94	
	計	591	
東諸県郡	高岡	70	
	穆佐	32	
	倉岡	32	
	木脇	25	
	本庄	64	
	八代	35	
	綾	130	
	計	388	
児湯郡	高鍋	93	
	富田	—	
	新田	—	
	妻	121	
	都於郡	18	
	三財	48	
	三納	31	
	西米良	—	
	東米良	—	
	上穂北	68	
	木城	41	
	川南	56	
	都農	37	
	美々津	8	
	計	521	
東臼杵郡	門川	40	
	富島	81	
	岩脇	10	
	東郷	71	
	南郷	23	
	西郷	29	
	北郷	54	
	北方	39	
	南方	66	
	北川	19	
	南浦	—	
	北浦	—	
	計	432	
西臼杵郡	高千穂	19	
	上野	40	
	岩戸	44	
	七折	27	
	岩井川	11	
	諸塚	13	
	椎葉	27	
	鞍岡	21	
	三ヶ所	21	
	田原	21	
	計	244	
合計		3,527	11,683

（『宮崎県社会事業史』110ページより）

(3) 鞍岡(くらおか)に来た疎開の人たち

――西臼杵郡鞍岡村（現五ヶ瀬(ごかせ)町鞍岡）に疎開の人びとが来た。

① 鞍岡村、一般疎開者を受け入れる

沖縄からの疎開者について『五ヶ瀬町史』に次のような記述があります。
「当時鞍岡地区に学童とその母親等約１００人が疎開して来ている（三ヶ所地区にも疎開者はあったがその数は不明である）。生まれ育った土地を離れ制空権を奪われた洋上を潜水艦の攻撃を逃れて上陸しトラック等に便乗して、手荷物一つずつ持って村に着く日、婦人会等総出でこれを迎え、心温かくもてなしたと、当時出迎えに出た人々は語っている。脇道にそれるが此の人達は入村後あちこちの物置とか空部屋とか、仮住居の中に、遂に沖縄には連合軍が上陸、戦火によって焦土と化したのであった。当然疎開者は女子供が中心であって、血気盛んな者はすべて戦士として参加したその家族である。

故郷に残して来た夫を父を又子供達の安否を気遣いつつの生活であったが、そうした辛苦のかいもなく戦は破れて遂に米軍の占領下に置かれた沖縄に、一、二の家族を残した外は、昭和21年ほとんど故郷に引き揚げたのである。

かかる人たちの当地に寄せる感慨は一入(ひとしお)で、学校で又各地域で知り会った友達とか、隣近所交際をした人々は今なお時折文通を交わしつつある。

昭和47年わが国に返還され祖国復帰した沖縄の人達の中で、あの忌まわしい戦時中、当地に在住した人たちのうち島尻郡佐敷村の一行13人が昭和52年9月11日、当町を訪問のため再び訪れ当時の憶い出の中にある懐しい人々と会って、手を取り合い共に涙の再会をしたことは耳新しいことである」(『五ヶ瀬町史』155〜156ページ)(町史からの引用文はそのままです)。

この記述によって、沖縄からの疎開者が鞍岡に来たことが分かります。しかし、この疎開者たちのことは、『沖縄学童集団疎開』(三上謙一郎著、鉱脈社刊)や『沖縄 学童たちの疎開』(琉球新報社編)には書かれていません。つまり、この人たちは沖縄から来た人たちではあったが、学校の先生たちに引率されてやって来た学童集団疎開ではなかったのです。母親と子供たちという家族単位で集まった人びとの集団でした。疎開して来た人たちは、鞍岡で家族単位で民家の一室を借りたり、離れの小屋を借りるなどして、生活したのです。

このような疎開の仕方を一般疎開といい、学童集団疎開とは区別されるものでした。『沖縄 学童たちの疎開』には、巻頭の一文の最後で、「なお、学校ごとの集団学童疎開のほか、一般疎開や宮古・八重山からの台湾への疎開も行われたが、今回はそこまでは取材できなかった」(4ページ)と断り書きをして、一般疎開には触れていないと言っています。

② 沖縄からの疎開者を受け入れた鞍岡村

前掲の「沖縄疎開受入状況」という表には、県下各市町村別に受入世帯数が記入されています。

人員欄もありますが、そこには記入がなく、合計欄のみ記入があります。本文中にあるとおり、世帯数の合計は3、527、人員の合計は11、683です。

この表によれば、鞍岡に来た疎開者の世帯数は21、三ヶ所（五ヶ瀬町三ヶ所）も21です。残念ながら、人員欄の記入がありませんので、鞍岡に来た疎開者の総数は分かりません。表からの計算では、1世帯あたりの人数は、平均3・3人になります。だとすれば、鞍岡に来た疎開者の総数は、約70人です。町史には約100人とありますが……。

曽我部房子さん

③　曽我部さんご夫妻のお話

2011（平成23）年3月9日、快晴の日向市を出発して高千穂、馬見原（まみはら）経由で鞍岡へ行きました。沖縄からの疎開者についての話を聞くためでした。鞍岡は雲が空を覆い、時々雲の切れ間から日の光が射しましたが、冷たい風が吹いて、靄（もや）もかかっていました。万歳坂記念碑（注）の話を聞きに何度もお訪ねした曽我部房子さんを頼って行きました。

曽我部（そかべ）さんは、ご主人の善一さんも一緒に私の質問に答えてくださいました。ご主人は、「私のこの家の離れにも母親と子どもたちが来ていました。子どもが5、6人いたようです。子どもは、来ていた母親の子どもだけでなく、人の子どもも預かって来ていたのではないかと思います。私は当時延岡にいましたので、それくらいのことしか分かりません」ということでした。

房子さんは、あの人なら知っているのではないかと、心当たりの近所の家に私を案内して、疎開者のことを尋ねてくださいましたが、その方はご存じありませんでした。

2日後の3月9日、房子さんからありがたいお電話をいただきました。せっかく鞍岡までこられたのに私たちが何も分からなかったので申し訳なかったといって、その後、いろんな人に話を聞いて調べられたらしく、その結果の電話を下さったのです。その内容は次のようでした。

疎開の人たちは馬見原(まみはら)までバスで来て、そこから鞍岡までは歩いてきました。みんな裸足(はだし)でした。こちらでの生活も裸足でした。疎開してこられたのは20家族ぐらいで、平均して子どもたちは3人ぐらいでした。来たのは母親と子どもたちばかりで、男の人はいませんでした。

住んだところは、農家の一室だったり、離れだったり、物置小屋だったりしました。お寺や公民館には住まなかったようです。

暮らしはどうやってたてたのか。農家の手伝いをして、お米や野菜をもらったのです。それから山師の仕事もありました。中には、畑を借りて耕した人もいました。

［注］万歳坂記念碑：鞍岡の町はずれの坂の上を誰いうとなく万歳坂と呼ぶようになりました。戦争に出て行く人たちを見送った所です。ここに「万歳坂記念碑」が建てられています。第3章、第1節の「万歳坂記念碑」を見てください。

④　藤本トヨ子さんのお話

国道265号沿いの商店街（この地区を祇園という）の曽我部房子さんの曽我部商店を辞して、五ヶ瀬川に架かる祇園橋を渡り、右方向（川上方向）の丁子（ちょうじ）地区に行ってみました。年配の人を見つけて尋ねてみようと考えてのことでした。私が声をかけたのは、仕事場におられた大工さんの藤本さんでした。藤本さんは疎開の人たちが来ていたことは知っているが、当時は未就学の小さな子どもだったので、詳しいことは分からないと言って、分かりそうな人を紹介してくださいました。一人は、私の親戚になる人と言いながら藤本トヨ子さんを、もう一人は、川の向こう側の清原さんでした。私は早速このお二人を訪ねることにしました。

藤本トヨ子さん宅は、大工さんの仕事場のすぐ上でした。

藤本さん宅に行き、玄関で声をかけたら、出てこられたのが藤本トヨ子さんその人でした。来意を告げると、玄関内に招じ入れてくださったので、早速話を聞くことができました。藤本さんは1921（大正10）年8月生まれで、8月になったら90歳になるということでしたが、若々しく、お元気そうでした。

「丁字地区に母と子どもたちの2家族が来ていました。子どもたちを3、4人ずつ連れていました。この家の少し下の道上にあったたばこ乾燥用の家に2家族一緒に入っていました。前城さんと金城さんだったと思います。このたばこ乾燥場は当時使われていない建物でした。一つの建物に入った2家族は、あるいは親戚同士だったのかもしれません。

当時、役場の職員だった藤本という叔父が沖縄からの疎開の人たちを連れてきましたが、みんな裸足で、荷物を頭の上にのせて歩いてきました。荷物と言っても風呂敷包み一つぐらいでした。

男の人は見ませんでした。母親たちは農家の農作業の手伝いでした。手伝いに来てもらった時は米をあげていました。しかし、米は役人が倉を開けて調べるなどして厳しく供出させられていましたので、自分のところにもあまりなかったのです。

疎開の人たちが来た時、差し上げられるような布団がなかったのですが、来た人たちはどんなにして寝たものでしょうか。竹の筒でご飯や味噌汁を食べているのを見たことがありますが、かわいそうで、戦争はいやだと思いました。

出征の人たちを万歳坂に見送りに行った時、今月腹のような人が、自動車の窓にしがみついて泣き崩れられたのは忘れられません。その出征して行かれた人は立派な人で、生きておられれば村長さんにでもなられるような人でしたが、戦死されました」

以上が、藤本トヨ子さんのお話でした。

⑤　吉岡百合子さんに話を聞きました
藤本大工さんから教えてもらったもうひとりの人、小切畑（こぎりばた）地区の清原さん宅を探しながら、訪ねたのが吉岡さん宅でした。清原さんのお宅はどこかを尋ねようと思って声をかけたところ、顔を出

された人がかなり高齢のように見受けられたので、清原さん宅の場所を尋ねるとともに、あなたは沖縄からの疎開の人たちのことをご存じないですかとお尋ねしました。すると、よくご存じのお方でした。この人は吉岡百合子さん（1926・大正15年9月16日生）です。

吉岡さんからお聞きした話を以下に書き留めてみましょう。

吉岡さんは、元は古小路百合子（こしょうじゆりこ）さんといいました。古小路さんは、親戚の人の薦めで鞍岡国民学校6年を卒業すると、熊本県山鹿の山鹿実業学校へ進みました。3年間の学校生活を終えると、すぐ鞍岡村の役場に勤めることになりました。

吉岡百合子さん

当時は、学校の先生たちも戦争に動員されて、先生が足りなくなっていました。そんな事情のため、古小路さんは、役場勤務を半年間で辞め、鞍岡国民学校の教頭先生から、学校に来てほしいと頼まれ、鞍岡国民学校の助教として勤めることになりました。1942（昭和17）年の年度途中からのことです（古小路さんは、鞍岡国民学校に何年から何年まで勤めたのかはっきり記憶しておられませんが、鞍岡小学校創立百周年記念誌『蛍雪百年』に、古小路百合子さんの着任が昭和17年、転任は21年と記録されています。勤務は22年の3月までだったのでしょう）。

古小路先生は、2年生を年度途中から担任しました。そして、その子どもたちを3年、4年、5年、と担任したといいます。受け持ちの子どもたちの中に沖縄から来た子どもたちが何人かはいましたが、その人数は記憶していません。男の子と女の子が一人ずついたのは記憶しているとのことです。沖縄の子どもたちは学校に来て、地元の子どもたちと一緒に学んだといいます。

やがて戦争が終わり、男の先生たちが学校に戻って来るようになりましたので、古小路さんは、3年半ほど勤めた学校を退職されました。その時の校長は松井興美先生で、先生が辞めてくれといわれたのではなく、その時にいた女の先生3人で話し合って辞めたということです。吉岡さんのお話は次のようでした。


「沖縄からの疎開者は、お母さんが子どもたちを連れて疎開して来ていたのです。小切畑地区には与那嶺さんとか金城さんという人たちが来ていました。私はまだ吉岡の家に来ていませんでしたが、当時、この家にも農作業の手伝いに来た人たちがいました。森岡さんや馬原二郎さんの家には部屋を借りて住んでいた人たちがいました。当時、田島屋という旅館がありましたが、そこにも泊まっていた人たちがいました。

平良さんという人がいましたが、この人は夫が沖縄で役場に勤めていたようで、そのためか、疎開者の世話をしていました。この人の子どもが4年生か5年生にいました」

吉岡さんからは、家に上がりませんかと勧めていただいたが、初対面だからと遠慮して、縁先で話を聞かせてもらいました。そのため、寒さで震えてしまって、清原さん宅はお隣だということだったが、そこを訪ねる元気をなくしてしまいました（吉岡さん宅訪問は3月9日と6月17日の2回でしたので、その2回のお話を総合して書きました）。

⑥　清原トミ子さんを訪ねる（2011年6月17日）

清原さんは、吉岡さんのお隣で、五ヶ瀬町鞍岡3147番地（小切畑）にお住まいです。1914（大正3）年5月11日お生まれの97歳ですが、目も耳も不自由なく、ことばもはっきりしておられ、若々しくさえお見受けしました。清原さんのお話は次のとおりです。

「私は、親戚筋になるこの家に17歳の時に来て、もう80年になります。同じ小切畑地区の森岡さん宅に、沖縄から来ていた与那嶺さんがおられました。私のこの家は、与那嶺さんに畑の手入れの仕事を手伝ってもらいました。私も一緒に仕事に行きました。男がいなくて人手が足りなかったので、手伝いさんが必要だったのです。大雨が降ったりすると、田が崩れて、それを修復するのが大変でした。与那嶺さんは、森岡さんところの一部屋に住んでいましたが、子どもが3人いたと思います。

芋ノ八重（いものはえ）（地区名）に吉浜さんという人が、沖縄から来ていました。この人は男性で、母親と子どもたちの疎開者たちのグループとは別で、鞍岡出身の軍人を頼って、疎開者たちと同じ頃に来られた人です。終戦の前後頃に妻子を呼び寄せられて、戦後もずっとここに住まわれました。その奥さんをアキさんといいましたが、その人にもよく手伝いに来てもらい、杉山の下草切りなどをしてもらいました。夫の吉浜さんは、長い材木を担いだりしているのを見かけましたので、製材所の仕事をしておられたのではないかと思います。

沖縄からの人たちは、小切畑に5家族くらい、丁子に2家族来ていたと思います。

米は、自分ところの分を残して供出させられていましたので、倹約して大事に食べていました。米と麦に具を入れておじやにして食べていました」

岩野博さんと藤本トヨ子さん

⑦ 疎開者のことを語る座談会（2011〈平成23〉年10月18日）

沖縄から鞍岡に来た人たちは、どのような人たちで、どんな暮らしをしたのでしょうか。曽我部善一さんの計らいで、当時のことを知る6人に集まってもらいました。

集まってくださったのは、当時鞍岡国民学校の助教だった吉岡百合子さん、自宅に疎開者が働きに来たという清原トミ子さん、近くに2家族来ているのを見た藤本トヨ子さん、昭和19年度鞍岡国民学校の卒業生で、沖縄からの同級生が何人もいたという岩野博さん（五ヶ瀬町三ヶ所在住）、鞍岡国民学校の当時の校長先生の娘で、沖縄からお友達が来たとき3年生だった松井道子さん（日向市在住）、そしてお世話くださった曽我部善一さんです。座談会での話は次のような内容でした。

「丁子地区に来ていたのは、2家族で、真栄城さんと金城さんでした。それぞれ3、4人の子どもたちがいました。5年生の金城清という人がいました。馬原さん所有のたばこ乾燥場だった建物にこの2家族は住んでいました。金城さんは、ご主人が佐敷町の役場にお勤めで、後に助役をされたということです。

小切畑地区には、与那嶺さん、金城さんなど、5家族ぐらい来ていました。与那嶺さんには子どもが3人あり、小切畑の森岡さん宅の一部屋にすんでいました。

松井道子さんと曽我部善一さん

中の八重地区の渡辺ユキさん宅に1家族いました。

岩野さんは、鞍岡国民学校を卒業して、一時、椎葉鉱山（椎葉村財木（たからぎ）にあった）に勤めたことがありました。岩野さんによれば、その頃、祇園に田島屋という旅館があり、そこは椎葉鉱山の寮のようになっていたといいます。

その田島屋旅館に疎開者の平良ミエ子さんとそのお母さんが住んでいました。平良さんは当時6年生でした。お父さんは役場の職員で、一度鞍岡に来られたこともありました。そんな関係で、平良さんのお母さんは疎開者の世話役のようでした。

その田島屋は現在はなく、旅館の跡は建物も建て替わって祇園旅館となっています。

岩野博さんは、昭和19（1944）年度卒でしたが、同級生に平良ミエ子さんのほか嘉数眞吉、仲里ハル、平安名トシ、宮城美代の皆さんがいたということです」

座談会の最後に、疎開者たちは、いつどのようにして帰っていったのかが話題になりました。「昭和20年の10月ごろからばらばらに帰ったのではないか」「いつ帰ったかは知らなかった」「まとまって帰ったのではなかったようだ」

激しい地上戦の行われた沖縄でしたから、戦争が終わったのですぐ帰る、ということにはならなかったのでしょう。疎開者たちは、郷里と連絡を取り、連絡のついた人、帰る条件の整った人たちから順次帰っていったのでしょう。

清原トミ子さん（左）と吉岡百合子さん

この日、日向市から松井道子さんが座談会に参加していたことを後になって知った松井さんの同級生、鞍岡の松岡綾子さん（旧姓興梠）から、会いたかったという連絡がありました。そのため、松井さんと筆者は、調査をかねて、2012（平成24）年6月12日、曽我部さん宅をお訪ねして、そこで松岡さんと、同席してくださった尾宮（おのみや）和子さん（昭和17年生）にお会いしました。松岡さんと松井さんの同級生（当時4年生）に平良靖さんがいました。その靖さんのお母さんの平良秀さんが、戦後鞍岡に来られたとき、お世話になったという松岡さん宛のお礼状があると、見せてくれました。平良秀さん靖さん親子の名前が新たに確認できました。

⑧ 疎開者の人数は？

疎開して来た人たちは、曽我部房子さんが調べてくださったところによれば、20家族ぐらいで、子どもたちは平均3人ぐらいだったということでした。先に紹介した『宮崎県社会事業史』によれば家族数は21家族です。子どもの数は曽我部さんの調査や座談会の話で1家族3人くらいだったということですから、鞍岡に来た疎開者の人数は、子どもたちは平均3人とすれば63人、母親21人を加え84人となります。

若干の世話係の女性がいたのかもしれませんし、人の子どもを連れた人もいたようだ、ということを考え合わせると、五ヶ瀬町史の１００人ぐらいという人数になるのでしょうか。

なお、鞍岡に21家族が疎開してきたことを示す『宮崎県社会事業史』の同じ表に、三ヶ所にも21家族来たと示されています。しかし、残念ながら、三ヶ所の21家族については全く未調査です。

⑨ 沖縄、佐敷町からの疎開について

『佐敷町史』には、疎開について次のような記述があります。「１９４４（昭和19）年7月、政府は閣議決定にもとづいて南西諸島から約10万人の老幼婦女子と学童を県外へ疎開させる計画を立て

た。政府の疎開計画は、足手まといを戦闘地域から移し、食糧を確保するのがねらいであった。疎開は7月から始まり、沖縄戦直前の45年3月まで行われ南九州（鹿児島・宮崎・大分・熊本）へ約6万5千人、台湾へ1万人余が疎開した。……疎開学童は国民学校の3年生から6年生で、40人に1人の引率教員がついた。南九州へ約５５００人、台湾へ約１０００人の学童が疎開したことになっている」（『佐敷町史　4　戦争』17ページ）。

「サイパンが全滅した7月、政府は学童集団疎開と老幼婦女子の県外疎開を決定した。町史編集事務局の『被災状況』調査では学童の場合、引率者家族・世話人を含め３４２人となっている。疎開先は宮崎県の現在の高千穂町と日之影町である。一般疎開は４１２人で熊本・宮崎・大分県などに分散した」（同書35ページ）。

これに続けて次ページに、沖縄戦当時の佐敷村の地区ごとの人口分布表が示されています。その表によれば、村の総人口は７６４５。その人びとの内訳は、県内疎開９８２、県外一般疎開４１２、県外学童疎開３４２、佐敷残留及び県内兵役４４７９、移民出稼９１４、県外兵役５１６でした。

県外学童疎開の３４２人は、いわゆる学童集団疎開のことで、『佐敷町史』の中に「佐敷の学童疎開」として99ページにわたって詳述されています。そこには、日之影・高千穂地方の概況から、子どもたちが学んだ学校のこと、引率者や子どもたちの名簿、当時の思い出の手記、疎開受け入れ地の皆さんの証言などがつづられ、貴重な資料として残されています。

ところが、一般疎開については、４１２人が熊本、宮崎、大分の各県に分散疎開した、と書かれているだけです。その412人は、何県の何という市や町や村に、母親何人、子どもたち何人のグループで疎開したのかが分かりません。五ヶ瀬町鞍岡に来た人たちは、412人のうちの約100人だったのでしょう。100人来たとだけ五ヶ瀬町史に書かれています。

（2012年9月）

3　沖縄県からの学童集団疎開

沖縄県からの学童集団疎開については、拙著『私たちの町でも戦争があった　アジア太平洋戦争と日向市』（以後『私たちの町の戦争』と略称します）で、東臼杵郡富島町（現日向市）への学童集団疎開について取り上げています。疎開記念碑についても詳しく記述しました。そのため、本書では『私たちの町の戦争』で取り上げていない地域の学童集団疎開に簡単に触れ、記念碑があればそれを取り上げることにします。

(1)　沖縄県の学童疎開の経緯

沖縄県の国民学校児童を疎開させることが決定されたのは、米軍によってサイパン島の日本軍が全滅させられた1944（昭和19）年7月7日の夜の緊急閣議でした。その夜の決定は、「本土へ8万人、台湾へ2万人、計10万人を7月中に引揚げさせせよ」というものでした。同時に、鹿児島県知事には、奄美群島からの引揚げを命じました。

では、沖縄県からの学童集団疎開の目的は一体何だったのでしょうか。それは、沖縄が米軍の来襲によっていよいよ戦場になるという差し迫った状況のもとで、⑴足手まといになる子どもたちを他所へ移す、⑵食糧消費の口数を減らす、⑶兵士予備軍の確保、などだったと指摘されています。

学童疎開は国の方針に従って実施されましたが、子どもを手放したくない親の気持ちも働いて、疎開事業は進みませんでした。このような状況下で対馬丸事件が起こっていました。1944（昭和19）年8月22日、学童疎開船対馬丸は、アメリカ軍潜水艦の魚雷攻撃を受け沈没しました。対馬丸は学童、一般あわせて1，661人を乗せていました。うち学童は800余人。生き残った学童はわずか59人でした。亡くなった学童のうち、氏名の判明しているものは789人です。一般疎開者も生存者は98人しかいませんでした。死者多数を出した対馬丸の沈没は児童の保護者にも知らせず、極秘にされました。疎開事業が続けられなくなるからでした（財団法人 対馬丸記念会発行「対馬丸あとさき」を参照）。

⑵ 宮崎県の学童集団疎開の受け入れ

宮崎県が受け入れた沖縄からの学童集団疎開は、1944年8月16日、鹿児島港着の第1陣に始まり、最後は同年9月20日、鹿児島港着の第9陣でした。

1944年7月7日　沖縄から本土への学童の集団疎開を緊急閣議で決定。「本土へ8万人、台湾へ2万人、7月中に引き揚げさせよ」。疎開学童の受け入れ先は宮崎、熊本、大分の3県でした。

8月16日　第1陣129人（教師、寮母、家族含む）が鹿児島に到着。

9月20日　この日までに9陣到着、合計6、565人

	（沖縄校）	（学童）	（関係者）	（総数）
宮崎県へ	32校	2、643人	477人	3、120人
熊本県へ	28校	2、602人	457人	3、059人
大分県へ	7校	341人	48人	389人
合計	67校	5、586人	982人	6、568人

（沖縄校数、学童数、合計6、565人は、『沖縄学童たちの疎開』よりの数字）

(3)　西臼杵郡への学童集団疎開と記念碑

沖縄県から宮崎県へ学童の集団疎開があり、そのことが縁で戦後交流が始まったことで学童疎開記念碑が何カ所か建立されています。

西臼杵郡		総数	児童	教員	世話人	家族	沖縄校	引率教師
高千穂町	高千穂国民学校	42	38	1	2	1	佐敷校	仲村渠盛和
	高千穂実業校	43	40	1	2		佐敷校	島袋トヨ

	押方国民学校	44	41	1	2	3	佐敷校	新里信子
田原村	田原国民学校	47	40	2	2	3	佐敷校	謝名堂昌榮
上野村	上野国民学校	90	79	2	4	4	豊見城第一	大小堀松三
岩戸村	岩戸国民学校	89	79	2	4	4	豊見城第一	仲西盛久
	山裏国民学校	53	46	1	2	4	越来国民	國吉ミツ
岩井川村	岩井川国民校	89	75	1	4	4	佐敷校	山城静進
七折村	宮水国民学校	50	44	1	2	4	佐敷校	平田喜長
	新町国民学校	51	44	1	2	8	佐敷校	外間長賢
	計	598人						

＊ 田原村、上野村、岩戸村は現高千穂町、岩井川村、七折村は現日之影町です。高千穂実業学校は高千穂高校の前身。山裏国民学校は上岩戸小学校と改称したが2010（平成22）年3月に閉校。また、岩井川国民学校は現日之影小学校です。新町国民学校は1957（昭和32）年、星山小学校と統合し八戸(やと)小学校となった。2020年3月、八戸小学校廃校。

① 高千穂町への学童集団疎開とその記念碑

高千穂町への学童集団疎開：豊見城村佐敷国民学校より押方、高千穂、田原の各国民学校と高千穂実業学校へ、豊見城村第一国民学校より上野国民学校、岩戸国民学校へ、越来村越来国民学校よ

「友情」の記念碑

り山裏国民学校（現上岩戸小学校）へ集団疎開しました。

姉妹都市提携記念碑の建立（町役場前）。

高千穂町へ佐敷町と豊見城村から疎開児童が来たことで、高千穂町と二つの町村は姉妹都市提携をしました。このことを記念して高千穂町役場前に「友情」の記念碑が建立されています。３人の子どもたちが手をつなぐ碑の正面に「友情」と大書されたこの碑は１９９５年に建立されました。

「友情」の碑建立の趣旨が記念碑の基壇に書かれていますので紹介しましょう。

> 姉妹都市提携盟約記念像
>
> 昭和19～20年にかけての第2次世界大戦による学童疎開が縁となり姉妹都市盟約を結び相互の地域振興による発展と恒久平和を祈念し過去（想い出）現在（平和）未来（希望）を象徴して終戦50年目にこの記念碑を建立する
>
> 平成7年8月1日
>
> 建立　姉妹都市提携実行委員会

② 日之影町の3か所に疎開記念碑

日之影町への学童疎開は、豊見城村（現南城市佐敷）の佐敷国民学校より岩井川村（現日之影町）の岩井川国民学校（現日之影小学校）へ、七折村（現日之影町）の宮水国民学校と新町国民学校（廃校）へと疎開しました。その記念碑が3か所に建立されています。

この3つの記念碑の建立経過について、日之影町史にその説明がありますので、その文章を引用しましょう。

3つの記念碑というのは「友情の絆」碑（日之影小学校）と「沖縄学童学び舎之跡」（新町小学校跡地）と「疎開者居住跡之碑」（特別養護老人ホーム青雲荘の敷地内）です。括弧内は碑の所在地です。

「友情の絆」碑

「沖縄学童学び舎之跡」碑

疎開者居住跡之碑

「ところで、平成９（１９９７）年９月に沖縄県佐敷町の人びとが疎開の史実を後世に残すために日之影町を訪れている。まず、９月８日、日之影小学校（旧岩井川小学校）の校庭に『友情の絆』の記念碑が建てられ、除幕式が行われた。佐敷町からはかつて疎開していた24人が参列し、日之影町から40人、当時の教師９人が参加した。現在の小学校の児童も出席して感慨深い記念行事が行われた。

21日には、旧新町小学校の跡地にある新町公民館に『沖縄学童学び舎之跡』碑が建てられた。やはり、佐敷町からは16人が出席、日之影町をはじめ県内に住む同窓生や恩師など約百人が出席して、記念碑の除幕式が行われた。さらに28日には、宮水小学校前の町民グランドに、『疎開者居住跡之碑』が建てられた。佐敷町からは当時の引率教諭であった平田喜長ら12人が出席、日之影町からは梅戸町長をはじめ同窓生ら約１００人が集まって記念碑の建立を祝った。

沖縄県の人びとは、当時の苦難に満ちた疎開生活を回想しながらも『沖縄戦を逃れ、多感な少年時代をこの地で過ごした。日之影町の人々の温かい人情に恵まれて過ごすことができたことを後世に伝えたい』と述べている」（同１０５５～１０５６ページ）。

「１９４４（昭和19）年から46年まで約2年間を過ごした岩井川村を『第二の故郷』と慕う元学童らは、56年に『佐敷国民学校学童疎開者岩井川会』（小波津厚明会長）を創立。以来、日之影小学校を訪れ、体験を話したり、沖縄戦のパネル展を開催。２００５（平成17）年９月の台風14号で同町が被害を受けた際には『今度は私たちが助ける番』と義援金を送った。毎年、年末には地元の南城市佐敷で総会を開催し、体験を語り合っている」ということです（琉球新報２００７年１月12日付）。

このような元疎開児童と受け入れた地元の結びつきがあるからこそ記念碑が建立されたのでしょう。

３つの碑を代表して、疎開中の暮らしが大変厳しいものだったことにも触れている宮水国民学校に疎開した「疎開者居住跡之碑」の碑文を書き留めておきましょう。

疎開者居住跡之碑

この馬検所跡の広場は　大東亜戦争末期沖縄決戦に備え学童疎開してきた　沖縄県島尻郡佐敷村佐敷国民学校の学童五十数名が昭和19年9月上旬から戦後の昭和21年9月下旬の2か年余、飢え・寒さ・郷愁に忍従　敗戦に落胆悲泣の集団生活をした所である

戦場となり　廃墟と化した沖縄へ引き揚げて50年後　史実を後世に伝えると共に恒久平和の祈念と疎開滞在中のご当地皆様のご厚情に感謝の意を表し　宮水国民学校の恩師・同級生並びに関係者各位のご協力を得て　この地に記念の碑を建立する

平成8年9月28日

佐敷町手登根出身
宮水疎開者相思会

(4) 東臼杵郡への学童集団疎開と記念碑

＊ 受入当時は東臼杵郡だった北方村、南方村はその後延岡市に合併し、受け入れ当時東臼杵郡であった富島町、岩脇村、東郷村、それに児湯郡であった美々津町が日向市に合併している。日向市には学童疎開記念碑が市内5か所にあります。これらの記念碑については先にも述べたように拙著略称『私たちの町の戦争』で紹介しているので、ここでは取り上げないことにします。

① 東臼杵郡への沖縄からの学童集団疎開

	受入場所	総数	児童	教員	世話人	家族	沖縄校	引率教師
門川町	草川(くさがわ)国民学校	30	24	1	3	2	東風平国民学校	神里ヨシ
	川内(かわち)国民学校	40	34	1	3	8	東風平国民学校	原国政朝

北郷村	門川国民学校	70	59	1	2	3	東風平国民学校	知念善榮
	北郷国民学校	58	51	1	3	3	豊見城村第2国民学校	宇久里眞盛
西郷村	田代国民学校	51	44	1	2	5	與那城国民学校	宮城榮喜
	計	249						

② 北郷村（現美郷町北郷区）への学童疎開

北郷村史（下巻）の第一章の第一節、（四）昭和時代の項では昭和の初めから1945（昭和20）年までの教育状況が述べられ、「昭和十九年　沖縄よりの疎開児童受入れ」という見出しで、次のような記述があります。

「戦局は日を逐うて敗戦の色が濃くなり、国民総動員法に基づく村民の体制も亦、その極限に達した。学校教育における教科の取扱いも、決戦必勝の精神に徹していたといえる。

　こうした時期に、沖縄決戦を予想

学童疎開が縁となって1995年に
建立された「きずな」記念碑

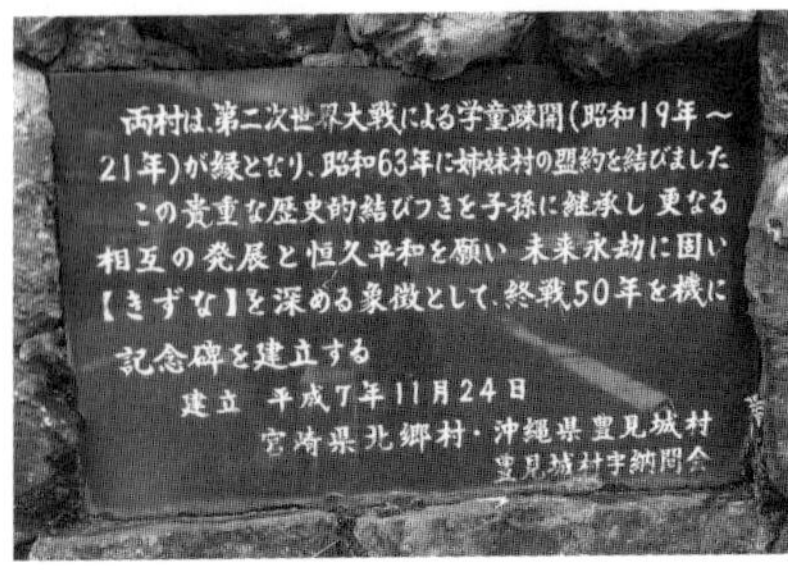

「きずな」記念碑の台座に刻まれた銘文

旧北郷村に疎開した豊見城第2国民学校の学童たち

し、遙々沖縄から、学童とその父兄とが疎開してきた。教師3名学童、父兄等を、役場から園田進外2名が門川駅で迎え、学童は北郷国民学校仮収容舎（現 北郷小学校）に、父兄は各部落に受け入れた。

後日談であるが、終戦後帰郷したこれらの人達が『宇納間会』（宇納間は北郷村の中心地で、北郷小学校や役場の所在する大字の地名）を組織し、当時世話を受けた人を、飛行機で沖縄に招待し、当時を偲んだという美談もあり、上京の途、態々宇納間まで来て、当時の友人と歓談し合った人もいる」（777〜778ページ）。

1978（昭和53）年4月、豊見城村政70周年記念事業で、豊見城村は学童疎開の大勢の児童生徒を引率した先生や世話人を表彰しました。その翌年、疎開学童たちによって「宇納間会」が結成されました。その後、相互に交流が始まったことで両村（豊見城村は2002〈平成14〉年に豊見城市に、北郷村は2006年に美郷町北郷区となった）は1988年に姉妹村盟約（現在は姉妹都市盟約）を締結しました。その結果、両村の交流は年を追うごとに濃密になり、かつての疎開学童との交流だけでなく、両村の子ども会や婦人会の交流、さらには物産展の開催も行われるようになりました。また交流の行事のたびにエイサーが披露され、今日、宇納間地蔵祭では地元民も沖縄からの客人も、大人も子どももみんな一体となってエイサーを踊るようになっています。

北郷村（現美郷町北郷区）には、先に紹介した「沖縄疎開受入状況」によれば、一般疎開の人々54世帯が来たことになっていますが、これらの人々のことは町史には何も書かれていません。

③ 西郷村（現 美郷町西郷区）への学童疎開

沖縄からの疎開学童は西郷村の田代（たしろ）国民学校へも来ましたが、学童疎開の記念碑はありません。しかし、西郷村史に学童疎開について記述があり、合わせて一般疎開についてもその様子の記述がありますので、西郷村への疎開を特に取り上げました。

『西郷村史』の第2編第3章第1節、戦時下の西郷の9項に太平洋戦争（第二次世界大戦）という見出しが付けられ、そこに戦時中の国民生活の様子が述べられています。

その記述に続けて、【西南諸島疎開者受け入れ】の見出しで学童疎開の受け入れや一般疎開者を受け入れた記録のあることが述べられています。その部分を以下に引用します。

「(先に述べたような大変な状況の) そのような中でも沖縄県より多くの学童疎開を受け入れており、本村へも昭和19年9月8日、44名の学童と引率者7名が受け入れられている(西郷村役場「西南諸島疎開者名簿」)。見知らぬ土地で父母のもとを離れ、食糧難の中で暮す幼い子供達の思いもさることながら、手離さざるを得ない親の心情は計りしれないものがあっただろう」(624ページ)。

学童疎開について以上のように述べた次に一般疎開者についても述べていることに注目しました。

「一般疎開者についても西郷村役場『西南諸島(学童・一般)疎開者名簿』の中に、次のような記録がある。

昭和19年8月29日午後3時受入
同　30日午後2時各区へ分宿
一般疎開第1回119名
村内各区別疎開者名簿

以下、33家族119名の家族別・本籍・氏名・年齢などと受け入れ施設が記入されている。受け入れ先内訳は、個人宅19家族、各地区公会堂(公民館)8家族、仮小屋6家族で村内各地に分宿している。

また同書には県内外で戦災に遭い疎開してきた20家族66人と、大陸から復員したが、当時米軍占領下にあった故郷沖縄に帰れず疎開した9名(単身)等が記録してある。この西南諸島の33家族については、終戦になっても故郷が米軍の占領下にあり、残した家族の安否も不明のまま、それぞれの内地に住む親戚・知人を頼って村を出たり、残って2~3年村内に居住した人もあった」(624~625ページ)。

学童集団疎開の受け入れは1944(昭和19)年9月8日で、学童44名に引率者7名でした。これに対し一般疎開者は、19年8月29日と早く、しかも受け入れ人数は倍以上の119人でした。前掲の表「沖縄疎開受入状況」によれば西郷村の受け入れ世帯数は29ですから1人の母親が平均3・1人の子どもを連れていたことになります。

(5) 北諸県郡への学童集団疎開と記念碑

県南部方面にも沖縄県からの疎開学童はたくさん来たのですが、学童疎開の記念碑があるのはここで紹介する山田町だけのようです。

町村名	受入場所	総数	児童	教員	世話人	家族	引率責任者	
西嶽村	西嶽国民	44					(国頭)本部国民	高安高雄
山田村	山田国民	40					(国頭)〃	山田親近
山田村	木之川内国民	42					(国頭)〃	山田ツル
高崎町	高崎国民	40					(那覇)那覇国民	山田親佐

＊上記の北諸県郡への学童疎開の受入場所、総数などは『沖縄学童集団疎開』（三上謙一郎著）による。なお、「国民」とあるのは「国民学校」のことを指す。西嶽村の嶽は岳の文字で西岳（にしだけ）村が正しい。西嶽村（西岳村）は一時期都城市西岳町となったが、その後いくつかの町となり西岳の町名はなくなった。山田村、高崎町は現在都城市山田町、高崎町となっている。

「沖縄学童疎開記念碑」（都城市山田町田中の田中営農研修館前に建つ）

沖縄学童疎開記念碑

記念碑の正面に次のような碑文が刻まれています。

「昭和19年夏戦局は日増しに悪化戦況は沖縄本土決戦に突入する学校においては学童疎開と言う名の国家的政策をとった沖縄県の学童総勢82名が木ノ川内国民学校に疎開田中に寝起きして2年間勉学に励んだ戦後50年を記念し平成7年10月に当時の学童13名が来町これを記念しここに碑を建立する

平成8年6月吉日　田中公民館一同」

碑の裏面には13人の氏名が縦書きで刻まれ横に並んでいます。その最後に同じように縦書きで「来町者名」「他七十七名」と

2列書き添えられています。

前掲の表で分かるように山田国民学校と木之川内国民学校に学童及び引率の先生、世話人など合計82人が疎開してきました。

記念碑に書かれた学童総勢82人という数字は、表の人数が示す引率先生なども含めた総勢82人と一致します。学童だけでなく、総勢が82人だという意味でしょう。

記念碑の裏面に書かれた来町者13人の名前の最後に「他77人」と書かれています。この数字は何を意味するのでしょうか。来町者13人にこの77人を加えると90人になります。総勢82人のうち来町できなかった69人に記念碑建立に協力した地元の同級生たちが含まれた人数なのでしょうか。

この「沖縄学童疎開記念碑」が建立されたことを報じた宮崎日日新聞の記事（1996年8月25日付）がありますので、この記事に基づき記念碑建立に至る経過を紹介しましょう。

「同町〈山田町のこと〉には昭和19（1944）年から21年にかけて、沖縄県の本部国民学校の児童ら約80人が山田町に疎開。田中公民館〈現田中営農研修館〉と学校に寝泊まりし、家族と離れた寂しさと乏しい食糧事情の中で苦労したという。

昨年10月、そのうち13人が同町を訪れ旧交を温め、今年3月には山田町から当時の同級生が沖縄県を訪問。これらの交流がきっかけとなり、記念碑建立の構想が持ち上がり元疎開者、同町、田中地区がそれぞれお金を出し合って完成した」と述べています。

（２０２２年５月30日）

〈参考文献〉

『北郷村史』（下巻）　１９７１年７月　北郷村役場発行
『西郷村史』　１９９３年11月30日　西郷村発行
『沖縄学童集団疎開』　三上謙一郎著　鉱脈社

第2節　宮崎県民はどのような空襲を受けたか

1　空襲について

日本の初空襲は、1942（昭和17）年4月18日でした。日本から遠く離れた太平洋上の空母ホーネット号から発進した、ドゥーリットル大佐指揮のB25中型爆撃機13機が、東京・名古屋・神戸など5都市を奇襲したのです。空襲を受けた地域の人々は大変な驚きでした。

1939年に防空法が制定されていますが、その頃はまだ被爆経験がありませんでしたから、防空訓練は想定に基づくものでした。42年には、空襲になったら押入れに隠れるように指示されていましたが、43年からは、縁の下あるいは庭に防空壕を掘るようにと指示が変わりました。

44年6月16日、北九州が20機のB29に空襲されました。これ以後、本土空襲は連日のように繰り返されることとなり、銃後の生活も危機に直面するようになりました。

44年6月、マリアナ諸島に上陸したアメリカ軍は、そこに基地を完成させ、11月からB29による本格的な空襲を開始しました。初めは、高々度精密爆撃による東京や名古屋などの航空機工場や軍工廠が狙い撃ちされていました。しかし、45年3月以降は低空飛行から大量の焼夷弾を投下する市街地無差別爆撃になりました。

このような空襲による被害は、原爆を除き、死者約25万6000人、焼失家屋約221万戸、罹災者約920万人にのぼりました。

2　宮崎県の空襲

宮崎県民が受けた空襲はどのようなものだったでしょうか。それを知るために、県内市町村史、その他の著作や資料に目を通し、また『宮崎県史 通史編 近・現代 2』の第7章第6節第3項の「空襲」の記述も参考にしました。このようにして宮崎県全体の人的被害のあった空襲を1945年3月から月日を追って調べました。そのことによって空襲被害の一端を知り、その被害状況を把握しようと考えました。また、空襲犠牲者の慰霊碑なども調査しました。


米軍は、沖縄への上陸作戦に先立って、九州の日本軍基地を徹底的に空襲しました。その始まりは、1945（昭和20）年3月18日でした。九州に接近した16隻（大本営発表は6隻）の空母からなる機動部隊から発進した1400機の艦載機が九州南部の飛行場を襲ったのです。県内各地の初空襲は、この日のことでした。

九州に接近した敵の機動部隊から発進する艦載機は、九州侵攻に際してほとんどすべてが宮崎の空を通過しました。また、マリアナ基地から飛来するB29の進入目標地点は都井岬でしたから、宮崎県は最も危険な状況下に置かれました。

〔月日順の空襲死者数調べ〕

1945（昭和20）年の3月初めから月日の順に人的被害のあった空襲を中心に県下全体を見ていくことにしましょう。〔　〕内は空襲被害の出典。（＊については187ページに説明を付記）

3・4・延岡市伊形に北支〈中国北部〉か成都（四川省の省都）方面より来た米長距離爆撃機B24が投弾、伊形地区松原で1人即死。〔『戦災記』〕（死者1）

3・18・初めて、宮崎県全域が空襲を受けた。夜明けごろ、米軍のグラマン機（延べ1、400機）が南九州に来襲、その中の一部が本県に侵入して赤江飛行場（現宮崎空港）、新田原陸軍飛行場（新富町）のほか富島町（日向市）、都城市、油津町（日南市）および鹿屋市（鹿児島県）などを爆撃した。〔日向日日新聞（現宮崎日日新聞）〕

・初めて空襲を受けた外浦造船所の被害は大きいものがありました。午前10時ごろ飛来したグラマン30機の攻撃で進水したばかりのタンカー5隻が爆破沈没しました。〔日南市史〕

・海岸では、森山せんさんと、赤ちゃんをおんぶして立ち話し中だった中山よねさんが狙われ、機銃掃射（飛行機から機関銃で地上を撃つこと）を受けて油津（現日南市）初の犠牲者とな

った。〔油津　海と光と風と〕　＊（死者1）

3・19・高鍋無水アルコール工場は機銃攻撃を受けて発火、工場の大部分が焼失した。〔宝酒造高鍋工場沿革史〕

・蚊口浦（かぐちうら）（高鍋町）の母子2人は磯に出かけたが、空襲になり引き返す途中、機銃弾を受けて2人とも即死。〔高鍋町史〕　＊（死者2）

・前日（18日）の本県空襲について、県警察部長がつぎの談話を発表した。「来るべきものがついに来た。平素の訓練の通りあわてるな。恐れるな。被害は軽微だ。流言に迷うな。当局を信頼せよ。空襲に負けるな。知ったかぶりをするな。先ず自分の持ち場を守れ。……」〔日向日日新聞〕

3・28・午前2時半ごろB29が1機富島町（現日向市）富高の不動寺（ふどうじ）山中に墜落、搭乗員は落下傘でおりた。〔日向市の歴史〕

・昨夜富高（現日向市富高）に降下した米兵7名北新町（現都農（つの）町）の憲兵分隊に護送、29日小倉へ送る。〔都農町史年表〕

3・30・墜落米兵2名を逮捕、これで11名全部捕まえた。〔日向市の歴史〕

3・31・B29、140機が九州各地の飛行場を爆撃した。その中の一部が赤江飛行場を午前10時から約40分間爆撃。〔宮崎市史年表〕

4・3・B29が南那珂（みなみなか）郡福島町〈現串間（くしま）市〉の今町の岸壁に爆弾を投下。〔串間市史年表〕

4・12•児湯郡富田村（現新富町）に爆弾投下、民家半壊、倉庫火災。兵士一人爆死。〔『新町沿革史』より、新富町史〕　（死者1）

4・18•宮崎郡瓜生野村（現宮崎市瓜生野）に米機爆弾投下、母子2名死亡、負傷2名。〔倉岡地区誌〕　＊（死者2）

•宮崎郡佐土原町（現宮崎市佐土原町）は午前9時半ごろから空襲を受け、死者29人、焼けた家21戸、48棟。〔佐土原町史〕①「戦災の碑」　＊（死者29）

4・22•北諸県郡志和池村（現都城市志和池）野々美谷で男性1名機銃掃射で死亡。朝B29約20機来襲。〔都城市史〕　（死者1）

4・26•佐土原町天神地区中心にB29約10機東方より侵入し爆撃、死者4、負傷者1、全壊家屋14、半壊家屋24。〔佐土原町史〕　＊（死者4）

5・2•東臼杵郡南浦村島野浦〈現延岡市〉に艦載機来襲、消火作業中の女子警防団員が即死、男性警防団員も機銃弾に倒れた。敵機は授業中の学校を機銃掃射したため4人の学童が死亡し負傷者も出た。〔戦災記〕②「学童戦災之碑」　（死者6）

5・8•都城市に２５０キログラム級の大型爆弾を投下、主に住宅街がねらわれた。川崎航空機製作所に学徒動員中の小林中学校3年生10名は防空壕へ避難中に爆弾投下に会い爆死。〔小林市史〕③「動員学徒被曝殉没之碑」　（死者10）

5・10•延岡市ベンベルグ寄宿舎が被弾、女子挺身隊員2名即死、重軽傷者23名を出した。〔戦災

記〕　　　　　　　　　　　　　　　　　　　　　　　　　　　　　　　（死者2）

・富島町細島上空に1機来襲し約10個の爆弾を投下、2名重傷、2名軽傷。〔日向市の歴史〕

5・11・宮崎市でB29により、宮崎駅付近・宮崎師範学校付近・宮田町・旭通・県病院付近を中心に爆撃。師範学校では校舎が倒壊し生徒6人が圧死。また、集団下校中の師範男子部付属国民学校児童12名が江平池（現宮崎市立西池小学校付近）付近で、また師範女子部付属国民学校児童3人が避難中の防空壕内で犠牲となった。〔宮崎市史年表〕④「いとし子の供養碑」⑤「鎮魂の碑」　　　　　　　　　　　　　　　　　　　　　　　　　　（死者21）

・北諸県郡高城町（現都城市高城町）有水の田辺が爆撃を受けた。小雨の日で、雲上より50〜60発の爆弾が投下され、草刈りをしていた婦人6名が即死した。〔高城町史〕　＊（死者6）

5・13・艦載機が富島町に来襲し、江良や細島で銃爆撃、1人死亡。〔日向市の歴史〕　＊（死者1）

・日本パルプ工業㈱飫肥工場が機銃掃射を受けた。弾痕733か所。〔日南市史〕

5・14・延岡市浜砂町に爆弾投下、農家親子2名即死。〔宮崎県消防史〕　　　　　（死者2）

・児湯郡都農町に敵機が来襲した。爆音が遠ざかると、都農国民学校の3名の女教師は防空壕から出て家事室で食事をしようとした。突然北の空からグラマンが侵入し爆弾を3か所に投下した。爆弾は家事室や宿直室を直撃し、3名の先生の命を奪った。〔都農町史〕⑥「殉職三先生之碑」　　　　　　　　　　　　　　　　　　　　　　　　　　＊（死者3）

5・24・南那珂郡南郷村外之浦(とのうら)寺坂で焼夷弾(しょういだん)〈建物に火事を起こすために落とす爆弾〉による大火災、100余戸焼失、死傷者なし。〔南郷町郷土史〕

5・29・日向市平岩、山の田で爆弾の破片が当たり1人死亡。〔福田調べ〕*〈死者1〉

6・2・漁業をしながら敵の飛行機や潜水艦の監視に当っていた特殊漁船2隻が敵2機の空爆を受け、21名の死者を出した。〔日南市史〕⑦「海難者慰霊塔」*〈死者21〉

6・26・午前8時、グラマン約100機が宮崎郡清武村〈現宮崎市清武町〉方面を攻撃、多数の死傷者を出した。〔宮崎市史年表〕〈死者が出た〉

6・29・延岡市に日窒(にっちつ)〈現旭化成〉寄宿舎に爆弾投下、従業員や学徒動員隊員9名が即死した。〔宮崎県消防史〕〈死者9〉

・午前1時15分ごろ空襲警報が発令された延岡市は、ほどなくB29によるかつてない焼夷弾の集中攻撃に見舞われた。2時間にもおよぶ空襲で市の中心部は焦土と化し、市役所・警察署・郵便局を始め延岡中学校などの各学校・銀行・劇場、光勝寺や亀井神社などの神社仏閣・内藤記念館・旅館などことごとく焼け、五ヶ瀬橋・須崎橋・大瀬橋の一部なども焼失した……以下略。〔延岡市史〕⑧「栗田彰子(あきこ)先生の碑」、⑨「延岡空襲殉難碑」、⑩「命の橋」〈死者130〉

・午前9時、空襲警報。B29の大編隊が東南海上高く侵入し、尾鈴山方向に飛んでいたが急に東に向きを変えて高鍋に来襲、日豊本線小丸(おまる)川鉄橋に大型爆弾を集中投下した。……日豊線は折り返し運転となり、復旧工事を急いでいたが、小倉から来ていた鉄道工員2人がその後の艦載機の銃撃で中州のタコツボの中で死んでいた。〔高鍋町史〕　＊（死者2）

7・11・宮崎市内、朝から多数のグラマンが各所に爆弾投下や機銃掃射、死傷者が出た。〔宮崎市史年表〕　（死者多数）

7・12・東臼杵郡伊形村（現延岡市土々呂町）の高島鉄工所がグラマン戦闘機の機銃掃射を受けた。逃げ遅れた女子職員が1人死亡した。　（死者1）

・艦載機グラマンなど30機が高鍋町蚊口浦地区中心に機銃掃射。その後、大型飛行艇3機が鉄興社に機銃弾を猛射、一時生産中止。高鍋駅で火薬満載の貨車が大爆発、駅舎や倉庫、周辺の家屋数十軒が全半壊。3名が死亡し、重軽傷者が多数出た。〔高鍋町史〕　＊（死者3）

7・14・佐土原町一ツ瀬地区で午前零時頃、豪雨の中爆弾投下、一家全員死亡。〔佐土原町史〕　（死者一家全員）

7・15・午前10時半ごろ空襲警報。B29、十数機が来襲し富島町財光寺で爆弾投下。農兵隊の少年1人が即死、負傷1名、馬3頭、牛1頭が死んだ。〔日向市の歴史〕　＊（死者1）

・児湯郡都農町心見の山末海岸で地引き網漁中、敵機の銃撃を受け学童2名が死亡、兵十数名が重軽傷。〔都農町史〕　＊（死者2）

・高鍋町にグラマン空襲。小丸川で舟遊び中の8歳の子どもが避難中誤って川に落ち水死。

〔高鍋町史〕

・宮崎郡倉岡村（現宮崎市）有田の白髭神社下、瀬戸口湯屋付近に爆弾投下。死者4人、負傷者2人、家屋や家畜も被害を受け、有田揚水場も給水管破壊で揚水不能に。〔倉岡地区誌〕　＊（死者1）

7・16・旭化成レーヨン部寄宿舎に爆弾投下、従業員と学徒9人が死亡した。〔延岡郷土史年代表〕　＊（死者4）

・南那珂郡油津町（現日南市）では、正午過ぎ、空襲警報発令と同時に約30機が大島上空方面から飛来し梅ヶ浜を攻撃、陸軍の弾薬庫のあった天理教教会に爆弾投下、教会は大爆発を起こし炎上、さらにグラマンによる機銃掃射が激しく、付近一帯の住家も類焼、元助役家族3人は避難した防空壕が直撃を受け即死、多数の死傷者を出した。〔油津　海と光と風と〕⑪「被爆者慰霊碑」　（死者9）

7・18・南那珂郡南郷町（現日南市南郷町）で、グラマン数機谷之口付近を進行中の列車及び南郷駅付近を襲撃、死者15人負傷者十数人を出した。〔南郷町郷土史〕　＊（死者29。海軍兵4人をのぞく）

7・20・南郷町栄松（さかえまつ）で空襲による火災発生、駐屯兵1人、住民2人が焼死、負傷者3人、家屋5戸が焼失。栄松造船所に敵機1機墜落し、民家5戸焼失、死者3人、負傷者数人。〔南郷町郷土史〕　＊（死者15）

　＊（死者5。駐屯兵は数に入れず）

7・28・高鍋町にB29など多数来襲し、鴫野（しぎの）、蚊口両地区に200～250キロ爆弾および落下傘

爆弾を投下。死者9人、郵便局や民家など20棟近く全半壊。〔高鍋町史〕　＊（死者9）

7・29・油津の日本パルプ工場の社宅にB24爆弾投下、死者6人、重軽傷者10人。〔宮崎県政80年史 上巻〕　＊（死者6）

7・30・南那珂郡南郷町外之浦神社付近を避難中の老人が機銃掃射で死亡。〔南郷町郷土史〕　＊（死者1）

7・31・日向市塩見の永田で機銃掃射により2人死亡。〔福田調べ〕　＊（死者2）

8・4・延岡市のベンベルグ工場にB24が爆弾投下、従業員1人学徒2人ほか1人が死亡。〔戦災記〕　（死者4）

8・5・延岡市北小路に爆弾投下、本多屋旅館など破壊。旅館の宿泊者など36名死亡。〔延岡市史〕　（死者36）

・日向市幸脇の飯谷地区で機銃掃射により1人死亡。〔福田調べ〕　＊（死者1）

8・6・高鍋町にB29数機飛来し蚊口地区に爆弾投下。住宅全壊8、半壊1。〔高鍋町史〕

・広島に原爆が投下された日、都城市は大空襲を受けた。アメリカ空軍は沖縄基地から中型機小型機延100機で前後4回にわたり焼夷弾攻撃を加え、市内は猛火に包まれた。市役所・旧郡役所・西都城駅・明道国民学校・都城国民学校・摂護寺本堂・都城中学校などが焼失した。死者86人、負傷者43人、罹災者17287人。〔都城市史〕（庄内小学校に⑫「庄内空襲之碑」、神柱公園に⑬「都城空襲犠牲者追悼碑」がある）　（死者86）

8・7●宮崎郡木花（きばな）村（現宮崎市木花）で、在郷軍人会員100名が小学校校舎で宿泊訓練を行っていた。その休憩中にグラマン編隊の攻撃を受け、1名死亡、2名が負傷した。〔木花郷土史〕　＊（死者1）

8・8●高鍋町で午前9時半ごろから約1時間半にわたってグラマンP19・P38などの大編隊が、小丸川鉄橋・無水アルコール工場・鉄興社高鍋工場・円浄寺などを爆撃した。両工場とも前の空襲被害の復旧作業の最中であったが、散々にぶち壊された。蚊口と鳴野・持田方面に数カ所焼夷実包による火災が発生し、住宅全焼9、半焼2〔高鍋町史〕。高鍋高等女学校の大部分の生徒は延岡のベンベルグ工場などに勤労動員で、一部の生徒が残留していた。突如校舎が機銃掃射を受け、退避遅れで機銃弾を受け生徒1人が即死した。〔高鍋町史〕　＊（死者1）

8・9●長崎に原爆投下。（宮崎市に⑭「宮崎県原爆死没者慰霊碑」がある）
午後1時30分、木花国民学校校舎が銃撃を受け、校舎に被害があった。在郷軍人が1人死亡、負傷者若干を出した。〔宮崎市史年表〕　＊（死者1）

8・10●午前9時ごろ志布志（しぶし）方面より鉄道線路に沿って飛来した米軍機グラマン2機は小林と高原町広原境に近い遠目塚の鉄道踏切付近で自転車に乗って進行中の3名を機銃掃射し、その近くにいた女性1名をも射殺した。……ついで敵機は西方に飛んで、西小林駅の西北にて西小林小学校の農作業奉仕隊隊列を機銃掃射し、死者11名、負傷者多数を出した。〔小林

市史〕（西小林小学校に⑮「殉難者の碑」がある） ＊（死者15）

- 朝、志布志方面より飛来した米軍艦載機グラマン3機が小林、西小林を襲撃して飯野上空に現れた。米軍機は飯野駅前の日本通運の作業員詰所を銃撃、1人即死させ1人に重傷を負わせた。さらに加久籐上空に達した米軍機は、加久籐小学校に銃撃を加え、高等科2年の生徒1人に重傷を負わせた。真幸地区に入った米軍機は、吉都線上を西進中の機関車を発見し銃撃を加えた。加久籐の子馬の競り市に向かう3人を襲い、1人に銃弾を浴びせ死亡させた。〔えびの市史下巻〕 ＊（死者2）

8・11

- 富島町では昼間から空襲があり、財光寺の鉄橋付近、原町、中町などに大型爆弾が落とされた。原町で民家が1棟破壊され、死者が1人出た。〔日向市の歴史〕 ＊（死者1）

8・12

- 日向市原町で爆弾の爆風で1人死亡。〔福田調べ〕 ＊（死者1）
- 児湯郡都農町では、機銃掃射のため新別府の梨畑にて死傷者3名。〔都農町史〕 ＊（死者1。死者は1とした）
- 宮崎市は、午前9時、爆撃機が大挙来襲して、市街地に焼夷弾を投下、このため江平町・橘通・別府町・清水町・高千穂通り・高松通り・恵比寿町・末広町・上野町・川原町・松山町などの町なみは一斉に炎上、警察署・税務署をはじめ学校・駅・病院・工場・劇場・寺院など数多くの建物が焼失した。……宮崎市は10～12の3日間の空襲で、建物全焼1991戸・半焼22戸・死者26・重軽傷17の被害を出した。〔宮崎市史年表〕⑯「戦災死没者慰霊碑」）

8・14・延岡の日窒化学工業〔現旭化成〕の硝酸工場をねらって南延岡駅方面からB24が3機編隊を組んで飛来し、と同時に爆弾を投下した。愛宕山の東端にかけて爆弾が十数発投下された。愛宕山に避難した学徒や挺身隊員が200～300人いたが、大変な悲劇となることなく、でも、学徒1人が殉死された。〔戦災記〕　（死者26）（死者1）

以上のとおり、宮崎県の空襲による人的被害を中心にその被害状況を日付順に見ました。最後に、何人の県民が空襲によって命を奪われたのでしょうか。私の調査によれば、その合計人数は712人です（軍人、駐屯兵の死者は含まず）。延岡市の死者数は、『延岡郷土史年代表』よりの人数、宮崎市は三上氏の『死者を追って』の人数、都城市は『都城空襲誌』（都城空襲犠牲者遺族会の調査に基づく著作）よりの人数を用いました。

宮崎県全体の空襲死者数について『都城空襲誌』は「宮崎県の空襲犠牲者は660人超」と記しており、『宮崎県社会事業史』（宮崎県発行）は戦時中の空襲被害状況の表を掲げ（107ページ）死者は803人としています。

私の712人の算出根拠は次のとおりです。

延岡市の死者数　　327人（行方不明者8人を含む。延岡郷土史年代表より）

宮崎市の死者数　　123人（『死者を追って』三上謙一郎著より名前の判明した人数。不明3

名あり）

都城市の死者数　８８人（『都城空襲誌』都城空襲犠牲者遺族会著より）

その他の市町村の死者数　１７４人（右の3冊の延岡市、宮崎市、都城市をのぞく前記月日順の市町村の死者数の合計。この１７４人に合算した死者数には＊を付した。）

総計　７１２人

◆空襲死者数について

空襲死者数の総計は、私の調査では７１２人ですが、『宮崎県社会事業史』１０７ページに掲げる表の死者数は８０３人です。この表と同じページに次のような記述があります。

「『戦時災害保護法』が昭和17年2月24日公布、同年4月30日から施行された。本県においては、昭和18年1月18日同法施行細則を公布したが、実際には昭和20年4月18日宮崎郡那珂村が空襲によって、死者37、……の損害をこうむって、これが最初の適用をみた」と述べています。空襲被害の状況を各市町村は県に報告しました。その報告に基づいて被害を受けた家族や遺族は国の保護を受けました。この市町村長から知事宛の報告書綴りが宮崎県文書センターに保管されています。この文書に基づけばかなり正確な死者の数も含めて空襲被害の状況を把握できると思います。そう考えた私は文書センターに行き関係文書を閲覧しました。しかし、個人情報非開示を理由に文書の多くにマスキング（袋がけ）が施されていて、実情を知ることはできませんでした。宮崎県社会事業史の死者８０３人は私が閲覧した文書をつぶさに調べた結果の数字だと思われます。したがって私の調査の７１２人より８０３人の方が確かな死者の数だと思われます。ちなみに、私が資料閲覧したときには4月18日の那珂村（佐土原町）の空襲被害についてはマスキングのせいか見ることができませんでした。とはいえ、佐土原町史には死者の氏名もふくめて被害状況が詳細に記述されています。

3　県内各地に建つ戦災の碑

アメリカ軍は、沖縄を攻めるため、その邪魔をされないようにと考えて、１９４５（昭和20）年3月18日、宮崎県など南九州各県の飛行場を爆撃して使用不能にしようとしました。これが宮崎県の初空襲の日でした。この日以来、宮崎県は毎日のように空襲を受け、死者が次々と出るようになりました。

そのため、空襲犠牲者を悼んで建てられた慰霊碑や空襲被害を忘れないための碑が県内各地に残されています。それらの碑を一つ一つ訪ねて紹介しましょう。空襲の日付順に紹介します。

(1)　戦災の碑　宮崎市佐土原（さどわら）町津倉（つくら）の公民館敷地内にあります。

4月18日の宮崎郡佐土原町の空襲

宮崎県地方が空襲を受けるようになってちょうど1カ月たった１９４５年4月18日の午前9時30

分ごろ、敵の飛行機がくることを知らせる空襲警報のサイレンが鳴りました。ラジオは〝B29と艦載機が高鍋方面から宮崎に向かっている。全員防空壕に避難せよ〟と放送していました。すると間もなく、サーッと空をつんざくような音がして、その直後、バン、バン、バンと爆弾の破裂する音が聞こえたのです。

「爆弾の落下範囲は津倉を中心に内田・飯塚・亀田あたりまで広がり、恐らく数千発投下されたにちがいない。その中に何十発かの焼夷弾が交じっていて、津倉が焼けたのは2発のためで、その類焼で40余棟が焼けてしまった。……その時焼けた家や死者は第23表のとおりで、1戸で3、4棟も焼けたところもあり、死傷者が多かったことは残念であった。死者の中には頭部をやられ、脳みそがなくなった人、胸を撃ちぬかれた者、両足を失ったり、肩を貫かれたり腹をやられて、たすけを求め叫びながら息絶えた人など、全く地獄さながらの様相であった。その他病院で亡くなったり、牛を使い田鋤きしながら爆死した人もあった」（『佐土原町史』）。

津倉公民館に建つ「戦災の碑」

私は、2011（平成23）年9月25日に津倉地区を訪ね、近くの農家の人に話を聞きました。空襲で亡くなった河崎ウメさんの息子さんでした。「私の家の玄関にいるとき、母は機銃弾に当たり即死でした。私の目の前でなくなりました。私はその時16歳でした」と語り、涙を流されました。

表　津倉、江原地区戦災状況（『佐土原町史』第23表より）

地　区	焼けた家		死者
津　倉	18戸	42棟	10人
江　原	2戸	5棟	17人
亀　田	1戸	1棟	
飯　塚			2人
新　木			1人
計	21戸	48棟	29人

合計数が合わないが原文ママ

次に、佐土原町津倉地区公民館の敷地内に建つ「戦災の碑」について考えてみましょう。碑には、碑文と亡くなった人びと11人の氏名が刻まれていることから考えると、この碑は津倉地区民が建てたもので、亡くなった人が11人というのも津倉の人のことだと分かります。つまり津倉地区の「戦災の碑」だということです。

町史の「津倉、江原地区戦災状況」という第23表によれば、津倉地区の死者数は10人となっていますが、戦災の碑の裏面に書かれた空襲による死亡者（津倉地区合祀者名）は11人です。

碑の正面、上の方に「戦災の碑」と刻まれ、その下部に「戦災の碑の由来」が書かれています。碑文は次ページのとおりです。碑の裏面には合祀者名として死者の名前が刻まれています。それに加えて戦争に行って亡くなった人なのでしょう、「戦死者」として7人の名前が書かれています。

戦災の碑の由来

昭和20年4月18日午前　太平洋戦争中東上那珂（ひがしかみなか）地域は米

軍機Ｂ29の空襲により大きな被害を受けました。津倉地区は死者11名負傷者８名焼失家屋９戸その他被弾半壊家屋多数田畑山林に及ぶ大きな被害を受け大惨事となりました。その様はこの世の地獄を思わせるばかりでした。

この事を後世に伝えるため平成７年４月の戦災50周年忌を記念して戦災の碑を建立しました。ここに戦災殉難者の御霊を祀り冥福を祈念致します。併せて津倉地区を代々守りその暮らしを後世に伝えてきたご先祖様の御霊を合祀供養といたします

再びこの悲しみを繰り返さぬよう恒久の平和を願って建立します。

平成７年４月18日

津倉地区民一同

建設功労者　三島守　三島俊雄　岩切忠男

〈参考文献〉『佐土原町史』　昭和57年２月22日発行

『わが里に火の雨が降った日』　津倉の空襲を語る会編著　２０１５年４月10日発行　鉱脈社

(2)　学童戦災之碑

延岡市島浦町（しまうら）、島野浦（しまのうら）小学校の校庭にあります。

５月２日、島野浦空襲

５月２日に空襲を受けた島野浦国民学校は島浦島（島野浦島ともいう。延岡市北東部に位置する有人島。周囲15・49キロ）にありました。島浦島は東臼杵郡南浦（みなみうら）村の一部でしたが、１９５５（昭和30）年

に南浦村は延岡市に編入されました。その後、延岡市の町名設置に伴い島全域が島浦町となり島名も島浦島と改称されました。島野浦小・中学校は2022（令和4）年4月から島野浦学園となりました。島野浦小学校が閉校になったので、「学童戦災の碑」を移設しようという意見もあったようですが、空襲を受けた学校の場所にそのまま残したいという地域の皆さんの希望があったのでそのまま元の位置にあるということです。

島野浦国民学校は1945年5月2日に空襲を受けました。朝の8時ごろのことです。航空母艦から飛び立ったのでしょう、突然、アメリカ軍のB17爆撃機1機が、島浦（しまうら）の漁村を襲いました。

島野浦小学校校庭にある学童戦災之碑

この日島浦はお祭りで、青年団の人たちは、延岡へ劇団を迎えにいくために漁船で港を出たところでした。そこへ急に米軍機が襲って来て、船に向かって機銃掃射を始めました。青年団の人たちは、海に飛び込み逃げましたが、池田高利さん（32歳）が死に、負傷者も出ました。

米軍機は港にいた日本軍の監視船に銃撃を加えました。監視船も応戦したのですが応戦しきれず兵隊は海に飛び込み陸に逃げました。このとき2人死んだということです。さらに、港の集落に爆弾や焼夷弾を落としました。このため人家の一部に火事が起こりました。警防団女子第1部の部長になったばかりの山本花子さん（24歳）は、先頭に立って消防の指揮を取りましたが、消火作業中に機銃弾が頭にあたり即死しました。

この米軍機は学校も銃撃しました。児童は、8時ごろになったので、教室に入り自習を始めていました。すると、低空で飛んできた米軍機が校舎内の児童に向かってダダダッと機関銃を撃ってきたのです。そのため、4人の学童が死亡し、たくさんの負傷者が出ました。両親や遺族には今も忘れられない出来事でした。

碑文　学童戦災之碑の裏面には次のような碑文が刻まれています。

太平洋戦争の末期1945年5月2日午前8時頃米軍偵察爆撃機の急襲により島野浦国民学校を主に町内全域にわたり数次の機銃掃射を受け多数の死傷者が発生した。その時に長野栄二（12才）島田光代（13才）山本豊生（14才）富田速男（14才）の学童の尊い生命が奪われた。戦争の犠牲になった方々のご冥福を祈りこのような悲惨な戦争を再び繰り返さないよう平和を祈願してこの碑を建立した

1994年5月2日　島浦町地区青少年健全育成連絡協議会

〈参考文献〉『島物語　太平洋戦争末期悲話・島野浦戦災記』

⑶　動員学徒被曝殉没之地碑

都城市　都城農業高校グラウンド西北隅に建つ。

5月8日、空襲警報により防空壕への避難の途中

1945（昭和20）年4月19日、朝7時30分に小林中学校3年生157名は学校に集合し、校長先生の激励のことばや諸注意を受けて、学徒勤労動員に向かいました。煙るような霧雨の中、整然と列を作って学徒動員の歌「花もつぼみの若桜」を歌いながら駅まで行進しました。このようにして、小林中学校の生徒たちは都城にあった川崎航空機工業㈱（現川崎重工業）都城工場（現存せず）での飛行機づくりの仕事に向かったのです。

この当時、小学校（国民学校といいました）を卒業すると4年間の中学校に進みました。これが旧制の中学校です。ここに

都城農業高校のグラウンド隅に建つ動員学徒被曝殉没之地碑

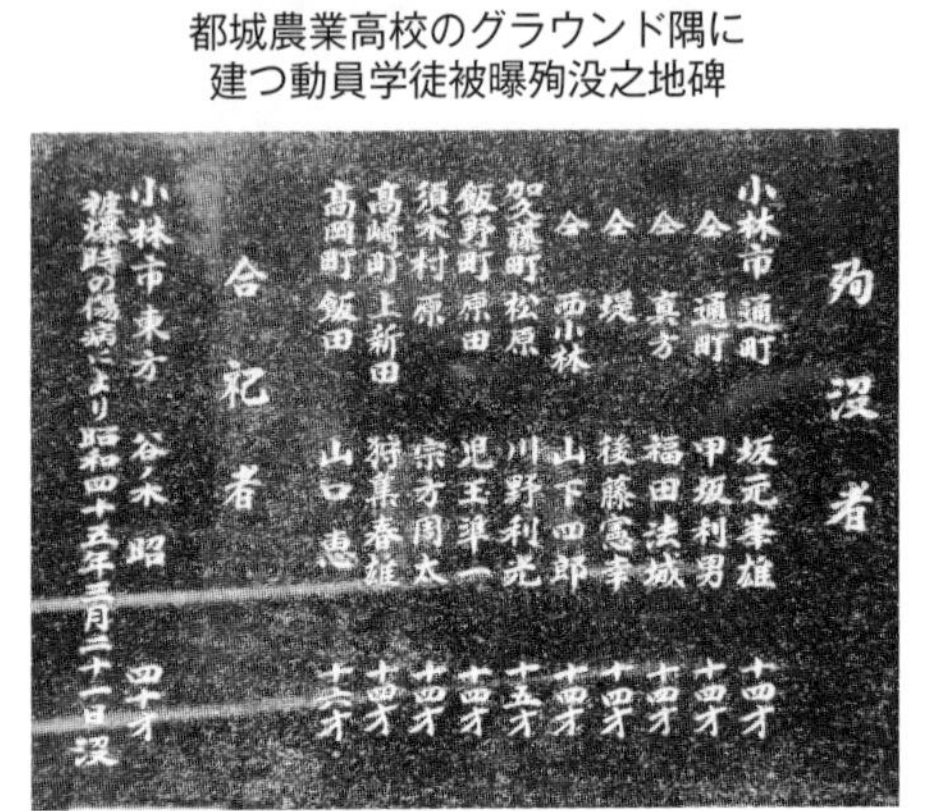

碑の横に立つ殉没者10名と負傷のため25年後に亡くなった人の銘板

出てくる小林中学校の3年生は現在の中学校3年生と同じ年齢の15歳の少年たちでした。

戦争に行っていなくなった働く大人たちの穴埋めとして、中等学校（中学校のこと）以上の学徒（学生、生徒のこと）は、1944年1月には「緊急学徒勤労動員」の方針で年間4カ月継続して動員することになり、3月には学徒勤労動員の通年実施（1年中行う）が決められました。こうなると、学校の授業は行われずに戦争のために生徒たちを働かせるということになったのです。国民学校の5、6年生も農作業などの仕事が与えられました。

勤労動員中小林中学校の生徒たちは、川崎航空機の寄宿舎「高千穂寮」に宿泊して働きました。

1945年5月8日、この日はどんよりして雲が垂れ込めていました。生徒たちは、工場の食堂で、あるいは寮で空襲警報を聞いたのです。そのため防空壕に避難しようとして外へ飛び出た人もいました。午前7時20分ごろ、米軍機によるものすごい爆撃がありました。そのため、10人の生徒が死亡し、多数の負傷者も出ました。

同窓生や遺族や当時の先生たちによって1966年に母校（小林高校）の校庭に、さらに1981年には被曝した学徒動員の地に亡くなった学友を追悼する碑が建てられたのです。


〈参考文献〉『花はつぼみのままに』　福田勉著　鉱脈社刊

(4) いとし子の供養碑　宮崎大学教育文化学部附属小学校校庭

いとし子への誓い碑　いとし子の供養碑と同一場所にある

(5) 鎮魂の碑　宮崎大学教育文化学部附属中学校校庭

5月11日　宮崎大空襲の日

宮崎大学教育文化学部附属小学校の校門を入ったすぐ左手に「いとし子の供養碑」があります。また、同附属中学校の校門を入ったすぐ右手にも「鎮魂の碑」（平成19年10月建立）があります。この二つの碑は、いずれも1945（昭和20）年5月11日の空襲で亡くなった同校の児童・生徒の皆さんを追悼して建てられたものです。なお、いとし子の供養碑の側には、「いとし子への誓い」碑が平成17年7月に建立されました。「いとし子の供養碑」の山下陽君を含めて同じ日の空襲で亡くなった児童12人の名前が刻まれています。

附属小学校門を入った左手にある
いとし子の供養碑

附属中学校門を入った右手の鎮魂の碑

1945年5月11日、宮崎市は大空襲を受けました。この日の米軍による空襲は、宮崎駅や宮崎師範学校（今の宮崎大学の前身で、当時の所在地は宮崎市花殿町付近）の周辺が中心で死者が38人も出ました。

この日の空襲で、宮崎師範学校男子部附属国民学校（現在の附属小学校で場所も同じ）の下校中の児童12人が爆死しました。「いとし子の供養碑　山下久子」と刻まれた自然石の碑は、亡くなった12人のうちの1人、山下陽君の母親久子さんが、学校の南門を出てまっすぐ南に50メートルばかり進んだ道ばたに建てたもので、陽君たちはこのあたりで爆死したものと思われたからです。その碑は2005（平成17）年母校の校庭に移されました。

また、この日の空襲では、同師範学校予科の生徒6人も死亡しました。この6人を供養して「鎮魂の碑」が建てられています。空襲のあった当時、本科生は門司と名古屋に学徒動員で行っており、学校には予科の2年生と1年生しかいませんでした。「この日は曇り日であったがB29爆撃機は雲上から爆弾投下、師範学校の新寮・校舎も破壊された。この爆撃で下級生6名、（予科2年5名、1年1名）が爆死した」と書かれています（宮崎師範学校23会記念誌「蕩蕩」より。なお、この記念誌には、「名古屋空襲で動員先の愛知時計工場も爆撃され、宮崎師範生の命も散った」とあり、どこも空襲で命の危険にさらされていました）。

［注］この時代、国民学校は6年で、その上に高等科2年があった。中等学校は5年、その上に師範学校があった。師範学校には本科（中等学校卒対象。3年制）と予科（高等国民学校卒対象。2年制）があった。

〈参考文献〉『記録・宮崎の空襲』　三上謙一郎著　1979年12月10日　鉱脈社
『死者を追って　増補・宮崎市空襲の記録』　三上謙一郎著　鉱脈社
『蕩蕩』　宮崎師範学校23会記念誌　平成9年5月24日

⑹　殉職三先生之碑

都農小学校校庭にある
5月14日　グラマン戦闘機による空襲

昭和19（1944）年に都農国民学校の先生になった祖田カズ子さん（駅通り在住）、20年に先生になった日高栄子さん（旧姓黒木、日高百貨堂の人）に、アメリカ軍の空襲で亡くなった3人の先生のお話を聞きました。

昭和20年5月14日、この日は日曜日でしたが、警戒警報が鳴ったので、みんな朝早くから学校に行きました。祖田さんは、「戦時中は、警戒警報が鳴れば、夜中であろうと日曜日であろうと『奉安殿』と『校舎』を守るように義務づけられていた」といいます。

昼前の時間だったろうか、祖田さんは空襲警報で講堂西側の防空壕に入りました。日高さんは校門を入った左手で青年学校の校舎と職員室棟との間にあった防空壕に駆け込み、つづいて教頭先生、養護の先生が入った。その時爆風が来たといいます。爆弾で亡くなった3人の先生方は、日高さんとは反対方向にかけて行きました。防空壕はそれぞれ入るところが決まっていたからです。

爆弾は職員室横の家事室に落ち、家事室と職員室を吹き飛ばし、地面に大きな穴を作りました。

都農小学校校庭にある殉職三先生之碑

亡くなった左から黒木君子、長友ナミエ、三輪百代の３先生

３先生方はちょうど家事室のあたりで爆発にあい、即死状態の怪我を負いました。

この日は艦載機（航空母艦を飛び立った飛行機）の一団が編隊を組んで飛来し、海上に去った。思う間もなく1機が引き返し、南から北に低空飛行し、学校を目がけて機銃掃射し、同時に50キロ爆弾を３発落としました。

爆撃のあと、湯地校長先生が非常点呼しました。３人の若い先生（黒木君子、長友ナミエ、三輪百代）が爆撃にあったことが分かりました。３先生はもっこに乗せられ、男の先生にかつがれ、学校下の河野医院に運ばれました。祖田さんは、三輪先生にお世話になったり仲良くしていたこともあり、もっこに付き添って病院まで行きました。だが、「被爆した先生たちは、病院に着いたときにはもう息はなかったと思う」と話されました。

都農小学校では、毎年5月14日ごろ、3先生の教え子になる人などをお招きして「三先生をしのぶ会」を行って命の大切さを学んでいます。

（福田がお二人に話を聞いたのは1998年9月で、祖田さんは72歳、日高さんは71歳でした。三先生の写真提供は都農小学校）

〈参考文献〉『都農町史 通史編』都農町編集発行 1998年6月30日発行

(7) 海難者慰霊塔

日南市の油津漁港にある

5月29日 油津港外の洋上で空襲を受ける

海難者慰霊塔（油津漁港にある）

油津港外で特殊漁船としての任務に就いていた鰹（かつお）漁船2隻が、機銃や爆弾による攻撃を受けて多数の死者を出しました。

特殊漁船とは、海軍から行動用の燃料を支給され自衛上、通信上の兵器の貸与を受け、海軍官憲の指示に従い、潜水艦や飛行機などに対する洋上の監視警戒の軍事任務と海軍の食糧補給のための漁務を兼ねた漁船のことでした。

特殊漁船としての任務遂行中の太平丸は油津港沖7浬（かいり）（約13000メートル）で敵2機の空爆を受けて沈没、乗組員42名中15名、第5日島丸は沖合10浬（約1850０メートル）で乗組員38名中6名、計21名の犠牲者を出しました。これら特殊漁船は油津漁業組合所属の船でした。漁業用の船が軍の命令で軍事任務を与えられて活動中に空襲を受けたものでした。油津漁業組合所属の特殊漁船は11隻あり、そのうち5隻が米機の襲撃で沈没し、その戦死者は前記の21名を含め41名に上ったといいます（『油津　海と光と風と』より。『日南市史』にもほぼ同じ文章が見られますが、戦死者の合計は42名になっています）。

〈参考文献〉『日南市史』　日南市史編さん委員会編　1978年1月30日発行
『油津　海と光と風と』　日南市産業活性化協議会編　1993年12月10日発行　鉱脈社刊

(8) 栗田彰子先生之碑

延岡市浜砂1丁目、延岡中学校にある

6月29日　延岡大空襲の日

栗田先生の肖像画
（栗田先生の肖像画は同僚の吉田敏訓導が描いたもの）

栗田彰子先生は戦争中、延岡市浜砂町の延岡中学校の前身、安賀多国民学校の訓導（小学校の先生の古い呼び方）でした。

1945（昭和20）年6月28日の夕方、警戒警報が出されたので、午後8時頃までには先生方全部が学校に集まりました。29日の午前0時を過ぎた頃、B29によるかつてな

栗田彰子先生之碑
（校門を入った左手の築山にある）

い焼夷弾攻撃に見舞われ、市街地のあちこちに火の手が上がりました。午前1時頃、学校の第3棟に大型焼夷弾が落ちました。全職員は全力で消火に努めました。午前2時を過ぎる頃、校舎に二十数個の小型焼夷弾が落ちました。職員は、防空壕から出て、消火活動をするために全身を水に浸そうと防火水槽（すいそう）へ走りました。栗田訓導は第2番目に水をかぶろうとした瞬間、焼夷弾の直撃を後頭部に受けたのです。直ちに担架で校長室に運ばれましたが、すでに亡くなっていました。

6月29日の空襲は延岡大空襲と呼ばれる大きな空襲でした。午前1時ごろから大型爆撃機Ｂ29による焼夷弾による爆撃が行われ、死者１３０人、重軽傷者59人、被災戸数は３７６５戸になりました。

延岡中学校では毎年、6月29日に「栗田彰子先生慰霊祭」が行われ、全校生徒で先生を偲んでいます。

次に「栗田彰子先生之碑」の碑文を書き写しました。

栗田彰子先生

大正8年10月10日栗田松二ノ長女トシテ「カナダ」ノ「ヴァンクーヴァー市」ニ生マレ昭和12年6月同市「ブルタニアハイスクール」ヲ卒業後ハジメテ帰国サレ県立延岡高等女学校専攻科ヲ経テ宮崎女子師範学校ニ学ビ昭和16年3月卒業ト共ニ延岡市安賀多国民学校訓導ヲ拝命爾(じ)来(らい)4年3カ月精魂ヲ傾ケテ教育ニ尽サレ児童ト父兄ノ信頼ヲ一身ニ収メラレタ。

昭和20年6月29日未明延岡市ガ焼夷攻撃ニ遭イ一夜ニシテ全市ハ廃墟ト化シ、本校モマタ20数個ノ焼夷弾ヲ受ケ将ニ炎上シヨウトシタ際、先生ハ同僚ト共ニ全力ヲツイヤシテ消火ニ努メラレ給水ニ従事中不幸ニモ焼夷弾ノ直撃ヲ頭部ニ受ケラレ殉職セラレタ。

「愛ハ一切ノモノヲ達成スル」ハ先生ノ愛誦(あいしょう)ノ句デアル。

コノ句コソ先生ノ生活信条デアリ、マタ教育精神デモアッタ。

茲(ここ)ニ先生ノ遺徳ヲ慕ウ者相図リソノ碑ヲ建テ先生ノ殉職ノ功績ヲ永クタタエヨウトスルモノデアル。

題字　宇籐光生　　昭和26年8月建
碑文　塩月儀一　　栗田彰子先生顕彰会

［注］宇籐光生さんは彰子さん赴任時の校長先生、塩月儀一さんは彰子さん殉職時の校長先生。

空襲の犠牲となった栗田彰子さんは、ハイスクールを卒業すると、日本人学校の教師を希望して母ハツさんの故郷である延岡市に来て桜小路の祖母、白石トキさん宅に住んだのです。延岡に来た彰子さんは宮崎県立延岡高等女学校に学び、さらに宮崎師範学校に進みました。1941（昭和16）年3月に師範学校を卒業し、4月には延岡市の安賀多国民学校の訓導として着任したのです。3カ年の義務年限をすましたら、カナダに帰国して日本人学校の教師になることを楽しみにしていたといいます。

〈参考文献〉『愛は一切のものを達成する』 栗田彰子先生を偲ぶ会発行 1997年9月30日刊行

⑼ 太平洋戦争 延岡空襲殉難碑

太平洋戦争延岡空襲殉難碑

延岡市 今山公園（大師像前）

今山公園の一番高いところに大師像が建っていますが、その少し下の方に、大きな石の「太平洋戦争 延岡空襲殉難碑」があります。その碑のすぐ左には、戦災殉難者名を刻んだ石板碑が置かれています。また、碑の右側には、戦災供養塔があります。この殉難碑の前では、毎年、6月29日の延岡大空襲の日に慰霊祭が行われています。空襲の様子や被害の情況については殉難碑裏面の説明

今山公園の殉難碑の前で毎年６月29日に行われる慰霊祭。中央が殉難碑、その左が戦災殉難者銘板、右は戦災供養塔。

でおおよそのことを知ることができます。

延岡空襲殉難碑の裏面は、上下二段に分けられ、上段には６月29日の大空襲の様子が書かれ、下段には、「延岡市の戦災に於ける損害」が記録されています。

ただ、この損害の記録では「戦災死者３００余人」となっています。『延岡郷土史年代表』の延岡大空襲の「焼夷弾攻撃被害」として書かれている数字は一桁の数字まで書かれていますので、ここではこの数字を引用しておきましょう。焼失世帯３、７６５、罹災人口１５、２３３、即死者３１９、行方不明８と記してあります。

延岡空襲殉難碑裏面の上段碑文

昭和16年12月8日勃発した太平洋戦争は、わが軍の真珠湾奇襲攻撃により前半には勝利をおさめたが、米軍の物量と科学戦による攻撃で逆転、昭和20年8月15日遂に我国の敗戦に終わった。この間本土への空襲は激化し、軍需工場群を擁した延岡市においても、20年3月4日から終戦前日まで十数回の空襲を受け、特に20年6月29日午前1時15分から、3時間にわたるB29

爆撃機40余機による油脂焼夷弾は、投下約50万発、市中心部は一瞬のうちに火の海となり、その劫火の中を市民は阿鼻叫喚、辛うじて五ヶ瀬、大瀬河原に避難したが、まさに戦争が生んだ悲劇であった。恐怖の一夜が明けると、市街地の大半は一木も残さず焼き尽くされ、一望焦土と化しているのを市民は呆然と眺めながら、肉親をもとめて右往左往するのみであった。この焼夷弾攻撃による被害は別記の通りであるが、銃後を守る市民をはじめ学徒挺身隊、産業報国隊など非戦闘員の殉難者は実に300人を超えた。終戦後33年を経た今日、各方面の浄財によって、新しくこの延岡空襲殉難碑を建立、その霊を弔うとともに悲惨なる戦争の絶滅を祈念するものである。

昭和53年6月29日
延岡空襲殉難碑設立委員会

延岡空襲殉難碑裏面の下段碑文

延岡市の戦災に於ける損害

戦災死者　300余人
戦災面積　92万坪（3、041平方メートル）

被災人口　15、230人　当時の人口　62、600人
被災戸数　3、765戸　当時の戸数　14、500戸

戦　災　地　域

川中地区　新町　柳沢町　本町　南町　中町　北町　船倉町
　　　　　天神小路並に本小路　桜小路の一部
川北地区　紺屋町　元町　博労町　祇園町の東側　瀬之口並に萩町　北小路の一部
恒富地区　川原町　春日館通り　第二下出口　三ツ瀬　新小路並に出口　西小路
　　　　　本村の一部
南方地区　大貫の一部
軍需工場　日窒化学工業株式会社
　　　　　　薬品部　ベンベルグ部　プラスチック部　雷管部　レーヨン部
　　　　　　ダイナマイト部
　　　　　間野航空株式会社等被害甚大
橋　　梁　五ヶ瀬橋　須崎橋　大瀬橋の全部焼失
恒富地区　南方地区の水田に焼夷弾多数投下

西　田　玄　豊　謹　書
施工者　福　原　明

〈参考文献〉『我が故郷に戦火燃ゆ 延岡大空襲の記録』 渡木真之著 1994年8月15日 鉱脈社
『太平洋戦争延岡空襲戦災記』 市山幸作著 1983年1月 延岡空襲戦災記刊行会

⑽ 座石「命の橋」 延岡市中央通3丁目、延岡商工会議所前

延岡市街地を流れる大瀬川に架かる安賀多橋の北詰（延岡商工会議所前）に「命の橋」があります。
これは座石だそうで、道行く人が2、3人腰を下ろせるように作られています。北側正面に「命の橋」と書かれ、その裏の南側に説明が次のように書かれています。

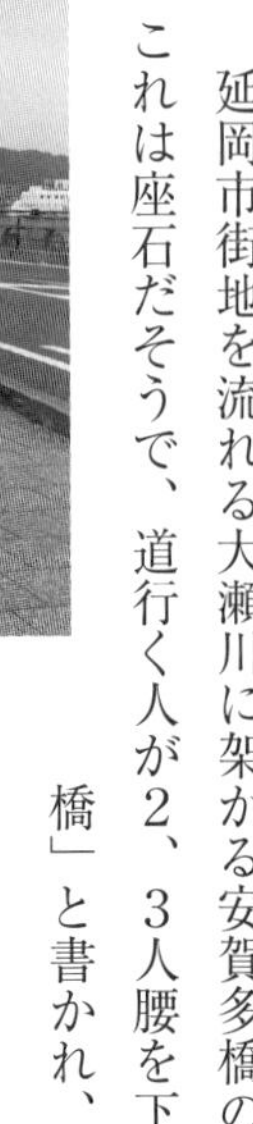

命の橋

「命の橋」

太平洋戦争の末期の昭和20年（1945）6月29日に延岡市内の中心部は大空襲によって焼野原となりました。その時、安賀多橋の下へ多数の市民が逃げ込み助かりました。この橋はまさに命の恩人です。この度延岡市制施行80周年を記念して安賀多橋を「命の橋」として顕彰し、永久に平和の尊さを後世に伝えたいと思います。

平成23年2月11日
建立者 「命の橋」座石建立の会

延岡「橋の日」実行委員会

延岡の画家、渡木真之（わたきまさゆき）さん（1928年生まれ）に『我が故郷に戦火燃ゆ　延岡大空襲の記録』という著書があります。この本は、3部構成で、その第2部が6月29日の延岡大空襲の記録、「我が故郷に戦火燃ゆ」です。渡木さん自身の体験に基づく臨場感溢れる絵がたくさん挿入されています。「　」内はこの本からの引用文です。

6月28日夜中11時ごろ空襲警報が発令され、やがてB29の爆音がとどろきはじめました。29日午前1時、照明弾が落とされ、焼夷弾の爆発が次々と起こりました。

「ドカーン・ドドーン！　そのたびに火の手が広がる。大瀬川を見ると川面いっぱいに赤い炎に包まれている。橋の下や川原は逃げてきた人で押すな押すなの大混雑である」（62ページ3〜6行目）。

「既に、市内各地域は激烈な焼夷弾攻撃を受けている。橋向こうの春日町付近は黒煙と炎が燃え立っている。見回すと喜寿という延岡唯一の料亭が炎上している。『これはいかん』と思い、組の防空壕に行き、『全員橋下に退避』と叫びながら……防空壕に駆け込み、入口の蓋を力一杯開けると、『全員橋の下に退避してください！』と叫んだ」（同14〜21行目）。

このほかにも、橋の下に行けと叫びあったことが書かれています。大空襲以後、家を失って橋の下に居を構えざるを得ない人びとが大勢いたのです。

〈参考文献〉『我が故郷に戦火燃ゆ　延岡大空襲の記録』　渡木真之著　1994年8月刊　鉱脈社

⑾ 被爆者慰霊碑

日南市梅ヶ浜の梅ヶ浜公民館の庭に建つこの「被爆者慰霊碑」は梅ヶ浜公民館（梅ヶ浜下区公民館）の庭に建てられています。碑の正面の上の部分に被爆者慰霊碑と書かれ、その下に空襲で亡くなった人びとの名前が刻まれています。この碑の下の部分（基壇）には碑文が書かれています。碑文は次のように述べています。

「太平洋戦争の末期の昭和20年7月16日午前11時30分頃数十のアメリカ機が日本軍の弾薬庫となっていた天理教教会を襲ったため、付近一帯は一瞬のうちに修羅場と化し、地区民29名、海軍兵4名が亡くなった。ほか多数の負傷者がでた。

平成7年5月7日『梅ヶ浜を語ろう会』に集まった当時を知る人びとの間に『被爆者慰霊碑』建立の議が起った。ここに広く浄財を募って空襲の犠牲となり、この地に眠る人びとの霊を慰めるためこの碑を建立する」

梅ヶ浜にある「被爆者慰霊碑」

アジア太平洋戦争は１９４５年8月15日、日本の敗戦で終わりました。そのわずか1カ月前、アメリカ軍の空襲で日本軍の弾薬庫が爆発しました。その近くに住んでいた住民を巻き込んだ大惨事が起こりました。この碑はそのことを伝えています。

慰霊碑には、亡くなった地区民29人と海軍兵4人の名前が書かれています。初めは平部さんの家族5人、次は片衛さんの家族5人、次は3人というように家族ごとに名前が刻まれていて、何家族も家族の多くが亡くなるという大惨事が起こったのです。

宮崎日日新聞（1995年5月9日付）は、1995（平成7）年5月7日の「梅ヶ浜を語ろう会」の様子を報告し、出席した平部さん、片衛さんの声を伝えています。

「空襲当時、満洲に出兵していた同市平野の平部正月さん（70）はシベリア抑留（注）から復員した昭和23年、母や妹の家族5人の死を知った。『夜、家に帰ると家がなかった。さらに家族の死を知ってぼう然と立ち尽くしたことを、今でもよく覚えています』と当時を振り返った。

家族5人を失い、兄弟3人だけが生き残ったという同市星倉2丁目の片衛意文さん（61）は『空襲は覚えているがその後の記憶はない。気づくと身体のあちこちにひどい傷を負っていた。やっと防空壕に逃げ込んだ。あんな苦しい思いはもうまっぴらです』」

これは、空襲犠牲者を忘れないために地区民が立てた慰霊碑です。

［注］シベリア抑留とは、第二次大戦後武装を解かれ降伏した日本軍捕虜ら約60万人がソ連によって主にシベリアなどへ労働力として連行され、長期にわたって奴隷的労働を強いられた事件です。そのため約6万人もの多数の死者を出しました。

〈参考文献〉『油津　海と光と風と』

（『日南市史』『県史』にも同一空襲のことと思われることが3月18日のこととして書かれていますが、これは誤りで7月16日が正しかろうと考えています。）

⑿　昭和20年8月6日　庄内（しょうない）空襲之碑　都城市庄内町の庄内小学校校庭に建つ

北諸県郡庄内町（現都城市庄内町）は、8月6日、広島に原爆が落とされ、都城市が大空襲に襲われたその日、庄内町も激しい空襲に見舞われました。6日の庄内空襲では碑文に書かれているように学校や民家72戸が戦災に遭いましたが、機銃弾で軍人が戦死し、地区住民は重軽傷者各1人だったことは不幸中の幸いでした。後ほど都城市の空襲については詳しく見ることにしますので、ここでは、幼少のころから庄内町にお住まいの山下謙二郎さんの体験談を読むことで、庄内空襲の様子

庄内小学校に建つ「庄内空襲之碑」

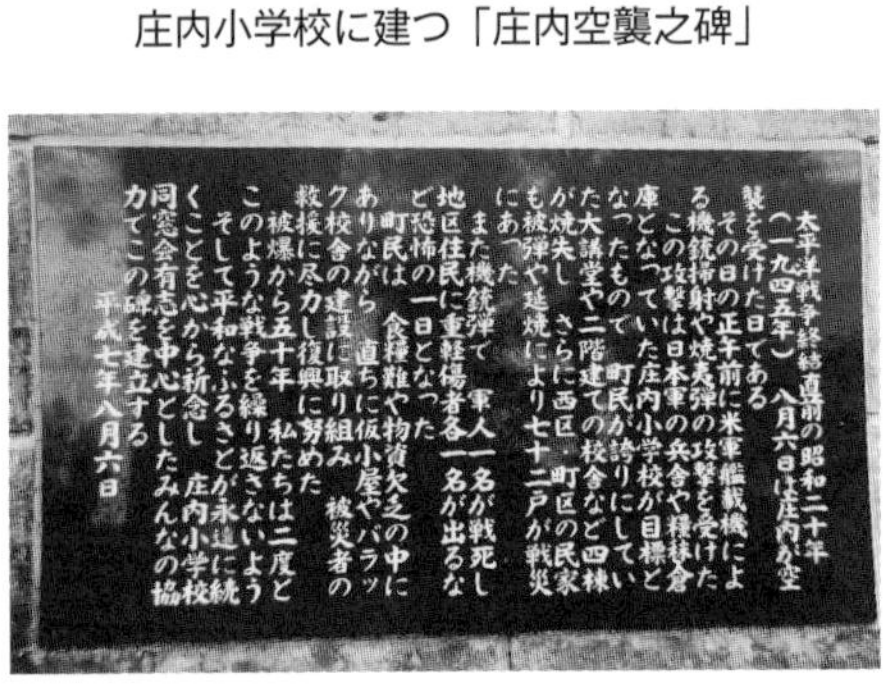

太平洋戦争終結直前の昭和二十年
（一九四五年）八月六日は庄内が空
襲を受けた日である
その日の正午前に米軍艦載機によ
る機銃掃射や焼夷弾の攻撃を受けた
この攻撃は日本軍の兵舎や糧秣倉
庫となっていた庄内小学校が目標と
なったもので　町民が誇りにしてい
た大講堂や二階建ての校舎など四棟
が焼失し　さらに西区・町区の民家
も被弾や延焼により七十二戸が戦災
にあった
また機銃弾で　軍人一名が戦死し
地区住民に重軽傷者各一名が出るな
ど恐怖の一日となった
町民は　食糧難や物資欠乏の中に
ありながら　直ちに仮小屋やバラッ
ク校舎の建設に取り組み　被災者の
救援に尽力し復興に努めた
被爆から五十年　私たちは二度と
このような戦争を繰り返さないよう
そして平和なふるさとが永遠に続
くことを心から祈念し　庄内小学校
同窓会有志を中心としたみんなの協
力でこの碑を建立する
平成七年八月六日

「庄内空襲の碑」の台座にはめこまれた説明文

を見ることにしましょう。

庄内空襲

山下謙二郎

1945(昭和20)年8月6日昼頃、アメリカ軍は庄内小学校(当時庄内国民学校)を目標に空襲を行った。これにより、小学校を起点として南西方向の地域・住民が被害を被った。

この日、私は昼前から母方の祖母の家に遊びに行っていた。祖母宅の庭で当時ともに5年生の叔父(隆ちゃん)と外で遊んでいた。突然サイレンが鳴り、都城の方から爆音と共に「ドーン・ドーン」という音が響いてきた。早速、何人かの友達と柿の木に登ってみると、都城市街地の上空をグラマン機が旋回、急降下、上昇を続けながら攻撃している。モクモクと煙が上がっていく。それがしばらく続いたかと思うと、突然、機首がこちらを向いて迫ってきた。「こら、こっちせぇ 来っど」と、慌てて防空壕へ走りこんだ。祖母や叔母たちも駆け込んできた。と同時に、「バリ・バリ・バリ・バリッ」と防空壕脇の道路を機銃掃射していくようである。「ズシン・ズシン」と地響きも伝わってくる。私たちは防空頭巾などをかぶり、ヒシッと真ん中に固まっていた。

やがて爆音と銃撃音が消えたので、壕の外に出てみると、小学校の方にモクモクと煙が上がり、「パチパチパチ」と音を立ててこちらにも迫ってくる。皆、家に駆け込むと、家財道具を持ち出しはじめた。祖母は私と隆ちゃんに釣り手のついた鉄鍋を持たせた。私たちはその鉄鍋の釣り手を片方ずつ持って川崎橋の堤防へと走って逃げた。庄内の町はあちこちで火の手が上がっていた。

やがて、飛行機も去り空襲の心配もなくなったようなので、祖母の家に帰った。しかし、祖母の家は飛び火により全焼していた。自分の家に帰るとき、道の両側の焼け跡は、まだ煙が燻っていた。そしてまだ、裸足の裏は道路の熱で熱かった。幸い私の住んでいる祖父母の家は戦災を免れていた。その後小学校の火は2、3日おさまらず、住民がその消火のために動員させられていたのを記憶している。

庄内空襲は敗戦間近の8月6日に行われました。庄内地区の人びとは、まさかこんな田舎への空襲はないだろうと思っていました。しかしアメリカ軍の攻撃目標は的確でした。目標とされたのは、九州最大規模といわれる糧秣廠（りょうまつしょう）があったからです。「本土決戦」に備え陸軍糧秣廠を庄内青年学校（現庄内中学校）に設置し、1944年末ごろから物資搬入が行われていました。また、庄内国民学校は日本軍の兵舎にされていましたし、糧秣倉庫としても使用されていたのです（資料：山下謙二郎執筆の体験「庄内空襲」）。

⒀　都城空襲犠牲者追悼碑　　都城市　神柱神社西側公園にある

都城市全体の空襲犠牲者追悼碑である

都城空襲犠牲者遺族会が1999（平成11）年8月5日に建立した「都城空襲犠牲者追悼碑」が神柱（かんばしら）神社西側公園にあります。

この碑は横に長く「都城空襲犠牲者追悼碑」と書かれ、碑の裏面には、右3分の2のスペースに空襲で亡くなった人びとの名前と年齢が刻まれています。その数は子ども44人を含む88人です。残り3分の1に碑文が書かれています。

都城空襲犠牲者追悼碑（神柱神社西側公園）

碑の裏面に刻まれた空襲犠牲者氏名と年齢・碑文

碑文を読んでみましょう。

「第2次世界大戦の末期、米軍は沖縄本島への上陸に先立ち、南九州全域の軍事施設を攻撃した。都城は昭和20年3月18日早朝初めて空襲され、以後終戦まで20回余の無差別空襲によって、街は廃墟と化し多くの尊い人命が奪われた。街は戦後いち早く復興したが、空襲犠牲者については半世紀余も放置されてきた。戦後50年の行事を通じ『空襲犠牲者の掌握なしに、都城の戦後は終わらない』と、調査がはじまった。治安維持法犠牲者国家賠償要求同盟県南支部と都城市の積極的な取り組みによって、44名の子どもをふくむ88名の犠牲者が判明した。
ここに、心から犠牲者を悼むとともに、恒久平和を誓い追悼碑を建立する。
平成11年8月5日
都城空襲犠牲者遺族会」

都城市は、主な空襲が14回あり、死者の出た空襲だけでも11回ありました。5月11日は、川崎航空機工場に学徒動員されていた小林中学校生徒など22人が犠牲になりました。また、都城大空襲と呼ばれる8月6日の大空襲では4回にわたって襲ってきた戦闘機による空襲で57人が犠牲となりました。
都城空襲犠牲者追悼碑には犠牲者は88人と書かれていますが、その後に判明した人もあり、都城市の空襲犠牲者数は102人と考えられています。

〈参考文献〉『都城市史』 通史編、近代編
『都城空襲誌――遺族会15年の歩み――』 都城空襲犠牲者遺族会発行 2013年10月10日

⒁ 戦災死没者慰霊碑

宮崎市大坪東1－14 天神山公園にある
宮崎市全体の空襲犠牲者の慰霊碑

天神山公園にある戦災死没者慰霊碑

「永久（とわ）に安らかに」と刻まれた碑の裏面には次のように書かれています。

「昭和16年12月8日真珠湾に端を発した大東亜戦争のその末期は日本本土も戦場と化し、日毎に敵機の来襲を受け、一般市民にも犠牲者を出すに至った。

宮崎市に於ても戦災死を遂げたものは老若男女合せて百余名。

戦後20年残された遺族が十余名今は亡き肉親の不憫を想い、昭和39年12月22日遺族会を結成し浄財を集め戦災死没者の冥福を祈ると共に永久平和の願をこめた慰霊碑をここに建立したるものなり」

碑には、続けて「死没者名」（いろは順）が刻まれています。その数は１１０人です。

碑の建設に関わって、三上謙一郎さんの『死者を追って』に次のような記述があります。

「１９４５（昭20）年７月30日、米軍機によって落とされた爆弾で２名の女性が亡くなりました。中村ハツ子さん（21歳）と、松尾秀子さん（20歳）です。

二人は木材会社の事務員でした。会社は木造二階建てのビルで、事務所は二階にありました。中村さんの妹、暉子さんによると、ハツ子さんは午前中、空襲警報が発令になったので出社を見合わせ自宅に待機していました。しかし、午後になって警報が解除になると、家族の止めるのを振り切って出社しました。夕方の4時頃だったらしいのです。米軍機来襲の報にハツ子さんは同僚の松尾秀子さんと一緒に1階の金庫室に退避し、鉄製の金庫の陰にうずくまりました。ところが爆弾は外壁を突き抜け金庫室で炸裂したのです。

ハツ子さんは爆風にやられ病院に収容されましたが、その夜、内臓破裂が因で死亡しました。秀子さんは即死でした。父の栄さん(故人)は「顔がメチャメチャに粉砕されていた」と語っています。栄さんは戦後、無残な最期を遂げた娘の不憫さを思い、さらに戦災死没者をないがしろにする国の仕打ちに憤りを覚え、戦災死没者遺族会の結成に尽力しました。そして初代副会長、のち会長に就き、天神山の慰霊碑建立を推進しました」(三上謙一郎著『死者を追って』p159~160より)。

宮崎市の空襲による死者は何人か?

三上謙一郎さんの『死者を追って』には、「宮崎市の空襲による非戦闘員の死者は『123名』とも『128名』とも言われる。私が調べた死者は巻末に資料として掲載してあるが『123名』。名前すら定かでない死者『3名』を加えると『126名』である」としています。

〈参考文献〉『死者を追って』 三上謙一郎著 1989年8月3日発行 鉱脈社刊

⒂ 宮崎県原爆死没者慰霊碑　宮崎市本郷北方（ほんごうきたかた）、宮崎霊園内にある

宮崎霊園内にある原爆死没者慰霊碑

1　原爆投下

アジア太平洋戦争の最後の時期に原子爆弾を開発したアメリカは、戦争後の世界で優位に立つことを考え、ソ連が日本との戦争に参加する前に日本を降伏させようと、１９４５（昭和20）年８月６日、広島に原爆を投下して、約12万人の命を奪いました。８日にはソ連が対日参戦しましたが、アメリカは９日に長崎にも原爆を投下しました。その結果、約７万人を死亡させました。

天皇・重臣・政府もようやくポツダム宣言受諾の検討を始めました。彼らにとって重要だったのは、国体護持、すなわち天皇が主権者である政治制度が守られるか否かでした。そして14日に、天皇の決断によってポツダム宣言の受諾が決定し、翌15日正午の放送によって国民に知らされました。こうして、戦争は日本の無条件降伏をもって終了しました。

2　宮崎県の被爆者

⑴　宮崎のヒロシマ・ナガサキ　――被爆25年目の記録――

「20年前の夏、歴史的事実があった。広島8月6日午前8時15分、長崎同9日午前11時2分―両都市は廃墟と化した。一瞬の閃光とともに。死者は広島で12万人、長崎で7万人といわれる。当時、両市には、徴用工や看護婦、生徒、軍人など、多くの宮崎出身者がいた。人数ははっきりしないが、多くの県出身者がひっそりと死んでいった。そして、いまもなお原爆症の黒い影におびえている被爆者が県内に少なくとも600人はいる」（『閃光は今もなお』宮崎県原爆被害者の会編、343ページ）。

(2) 原爆犠牲者を追悼

県内の広島、長崎原爆犠牲者の霊をまつる「宮崎県原爆死没者慰霊碑」は、1996（平成8）年に宮崎市本郷の宮崎霊園内に建てられました。県原爆被爆者の会は慰霊碑の建立を戦後50年を迎えた95年の総会で決めていました。慰霊碑完成当時250遺族から340人が確認されていました。今年（1999年）の9月26日に開催された原爆犠牲者慰霊平和記念式典（県原爆被害者の会主催）には県内各地から被爆者や遺族ら約140人が参列しました。この1年に県内の被爆者46人が亡くなり、死没者は約480人となりました（1999年9月28日付の宮日新聞記事を参照）。

〈参考文献〉『閃光は今もなお』 編集兼発行 宮崎県原爆被害者の会 1970年11月8日

⒃ 殉難者の碑　小林市・西小林小学校の運動場に建つ

それまで空襲被害がほとんどなかったのに、1945（昭和20）年8月になるとアメリカ軍機が空を飛ぶようになり、人びとの不安は高まっていました。

8月10日午前9時頃、志布志方面から飛んできた米軍機グラマン2機が高原町広原の遠目塚踏切付近で通行中の男性3人を機銃掃射し、次の瞬間にはその近くにいた女性1人が射殺されました。

「殉難者の碑」の前で平和の大切さを学びます

敵の飛行機によって一瞬のうちに4人が撃ち殺されました。

ついで敵の飛行機は小林駅の南にあった日立工場を銃撃しました。ここではたくさんの人たちが働いていましたが、皆あわてて防空壕に入ったので無事でした。

さらに敵機は西の方に飛んで、西小林駅の西方を4列縦隊で通行中の西小林国民学校（現西小林小学校）生徒奉仕隊を機銃掃射しました。この奉仕隊は戦争で死者の出た家族の農作業援助の奉仕をするもので、西小林国民学校の訓導（先生のこと）3人が引率していました。また、この奉仕隊には小林高等女学校（今の高校生）の生徒や一般の人も加わっていました。奉仕隊への機銃掃射は一瞬の出来事でしたが、初等科（小学生）の生徒5人、高等科

（中学生に相当する）3人、小林高等女学校生徒1人、一般人1人の10人が犠牲になり、18人の負傷者が出ました。亡くなった初等科5人のうち2人は沖縄からの疎開児童でした。

1972（昭和47）年、西小林小学校の運動場に「殉難者の碑」が建立されました。この碑は、西小林小学校だけでなく西小林地区の空襲犠牲者の慰霊碑です。

私は2013（平成25）年8月10日、西小林小学校を訪問し、学校で催された慰霊集会に生徒の皆さんといっしょに参加させてもらいました。この慰霊集会は西小林小学校では毎年8月10日に開催されています。

慰霊集会は、初めに体育館で、生徒を前に南薗周郎さん（昭和7年生）が山道を逃げながら朝鮮から死ぬ思いで引き揚げた体験を話されました。戦争は嫌だ、と訴えられました。

つづいて、運動場に建つ「殉難者の碑」の前でも慰霊の集会が開かれました。生徒代表による「誓い」のことばが朗読され、献花が行われました。そして杉田校長先生が「この戦争を風化させたらいけない。学校の先生が子どもたちを戦争に送った過去があるんです。このことを考えることが大事です」と反省を込めて話をされました。

〈参考文献〉『小林市史』

第3節　宮崎県における本土決戦態勢づくり

1　本土防衛から本土決戦準備へ

アジア太平洋戦争を始めて2年目の1943年（昭和18）、日本はガダルカナル（2月）、アッツ（5月）、キスカ（7月撤退）の諸島を失いました。9月にはイタリアが降伏したこともあって、日本は太平洋戦争開戦以来の瀬戸際に立ち、戦争指導方針を根本的に変更しなければならなくなりました。

そこで、この年9月30日、日本政府・大本営は御前会議においてソロモン諸島と東部ニューギニアを放棄して戦線を後退させ、「絶対国防圏」という新たな防衛線を設定しました。千島、小笠原、内南洋（中・西部太平洋諸島）、西部ニューギニア、スンダ（インドネシア領の島々）、ビルマを含む圏内を「絶対国防圏」として戦争を集中し、この地域を確保して本土を防衛しようとしたのです。

これに対する米軍の反攻作戦は、1944年に開始されました。6月15日、マリアナ諸島のサイパンに上陸しました。遅れて進出した日本の機動部隊と米機動部隊は6月19日から20日、マリアナ沖で激突しました。この海戦に日本は大敗し、サイパン島は7月7日に陥落、8月中旬までにマリリアナ諸島の島々は米軍に占領されました。

マリアナ諸島の陥落により、「絶対国防圏」は崩壊し、日本の防衛線は、小笠原・沖縄・フィリピンにまで後退しました。

10月10日、沖縄の那覇市が大空襲を受け焼け野が原になりました。12日には台湾の新竹基地も空襲されました。これに対して台湾や九州南部、フィリピンの日本軍基地から反撃の航空部隊が出撃しました。この台湾沖航空戦で日本軍は400機もの航空機を失ったのに、空母を1隻も撃沈できず、ほとんど戦果が上がらなかったのです。ところが、大本営は空母11隻撃沈などと戦果を発表し、米機動部隊を壊滅させたと考えました。この誤りの原因は、戦地から帰ってきた搭乗員の報告を信頼し足し算した結果でした。

この戦果を信じた陸軍は、フィリピン死守を目指してレイテ島に上陸した米軍に対して決戦を挑んだのです。決戦部隊は輸送船で続々と送り込まれましたが、輸送船は大半が途中で撃沈され、辛うじて上陸した部隊は完全武装の米軍に散々に撃破され、1944年11月〜12月のレイテ決戦の戦死者は10万に及びました。

政府・大本営が「日米の天王山」として全力を注いだフィリピンでの戦いは、1945（昭和20）年1月9日、米軍のルソン島リンガエン湾上陸によって、日本の勝利はほぼ絶望的になったばかりでなく、フィリピンの喪失も時間の問題となりました。次はいよいよ米軍が日本本土に直接侵攻してくるだろうことは誰の目にも明らかでした。

2　本土決戦準備

⑴　第16方面軍（九州）の設置

日本は、１９４４（昭和19）年秋から本土決戦の準備に入りました。

大本営は１９４５年1月20日、「帝国陸海軍作戦大綱」を策定しました。この中に示されている作戦計画は、「前縁地帯」つまり千島列島、小笠原諸島、南西諸島の沖縄本島以南、台湾などの地域に米軍が侵攻してきた場合、できる限り対抗して出血を強要し、そして日本本土で大決戦を行うというものでした。

そして22日、陸軍は内地防衛軍の隷下にあった東部軍、中部軍、西部軍を廃止して、新たに作戦軍として第11（東北）、第12（関東、甲信越）、第13（東海、北陸）、第15（関西、中国、四国）、第16（九州）の各方面軍を設置しました。

この本土決戦に関わって総兵力１５０万の要員（後方人員を入れて約２００万）の動員に着手しました。国民義勇隊法の成立が3月、これは65歳以下の男子、45歳以下の女子すべてを職場・地域で義勇隊に編入し、輸送や食糧補給、あるいは通信連絡、監視などを行わせるもので、最後には米兵と竹槍で刺し違えることになっていました。

(2) 決6号作戦……第16方面軍の防衛作戦

米軍が沖縄に上陸した直後の1945(昭和20)年4月8日、大本営陸軍部は本土決戦の方針をまとめた「決号作戦準備要項」を策定して、翌日に関係各部隊に示達(じたつ)しました。北は千島列島から九州(奄美大島を含む)、朝鮮半島までを7つのブロックに分けて、それぞれ決1号から決7号作戦と名付けました。

決1号作戦　地域　千島、樺太、北海道　担当　第5方面軍
決2号作戦　地域　東北地方　担当　第11方面軍
決3号作戦　地域　関東甲信越　担当　第12方面軍
決4号作戦　地域　東海地方　担当　第13方面軍
決5号作戦　地域　関西、中国、四国　担当　第15方面軍
決6号作戦　地域　九州　担当　第16方面軍
決7号作戦　地域　朝鮮半島　担当　第17方面軍

この中で米軍が上陸してくる可能性が最も高いとされたのが南九州と関東地方でした。

九州の防衛を担当する第16方面軍は、1945年2月11日に発足し、当初は第86師団を基幹に独立混成連隊、戦車連隊、野砲兵連隊などわずかな兵力でしたが、やがて第40、第56、第57の3個軍、一般師団14個、独立混成旅団8個、独立戦車旅団3個などを擁し、総兵力は90万人を数えました。

この決号作戦計画によれば、10月以降に米軍主力が九州地方（南部）か関東地方に上陸することを想定して、それまでに作戦準備を終えることが命じられました。

九州防衛の任務に就く第16方面軍は、司令部が福岡県筑紫郡山家（やまえ）村に置かれました。

また、第16方面軍の指揮下に第57軍が１９４５（昭和20）年3月31日に臨時動員され、南九州防衛の作戦任務を付与されました。

第16方面軍（兵団文字符　睦（むつ））中将　横山勇

同方面軍司令部　福岡市南方の山家村（現筑紫野市山家）

3　本土決戦態勢と宮崎県

守備に就いた宮崎県関係の部隊配置を見てみましょう。

『宮崎県政80年史（上巻）』に「第2図　宮崎県内部隊配備概況」という詳細な部隊配置の地図が示されています。その地図に次のような文章が書き込まれています。「宮崎県に配備された部隊は第57軍に属し第86師団、第１５６師団、第１５４師団、第２１２師団、第25師団が主力で、概ね要図のとおり海岸線の要点を堅固に占領確保し、かつ敵の上陸及び橋頭堡設定を妨害するため有力な部隊を水際に配置した。なお、第２１２師団及び第25師団は情況により随時決戦方面に機

第２図 宮崎県内部隊配備概況

宮崎県政80年史（上巻）935ページより

宮崎県に配備された部隊は第57軍に属し第86師団、第 156師団、第 154師団、第 212師団、第25師団が主力で概ね要図のとおり海岸線の要点を堅固に占領確保し、かつ敵の上陸及び橋頭堡設定を防害するため有力な部隊を水際に配置した。なお、第212師団及び第25師団は状況により随時決戦方面に機動作戦を実施し得るよう準備していた。

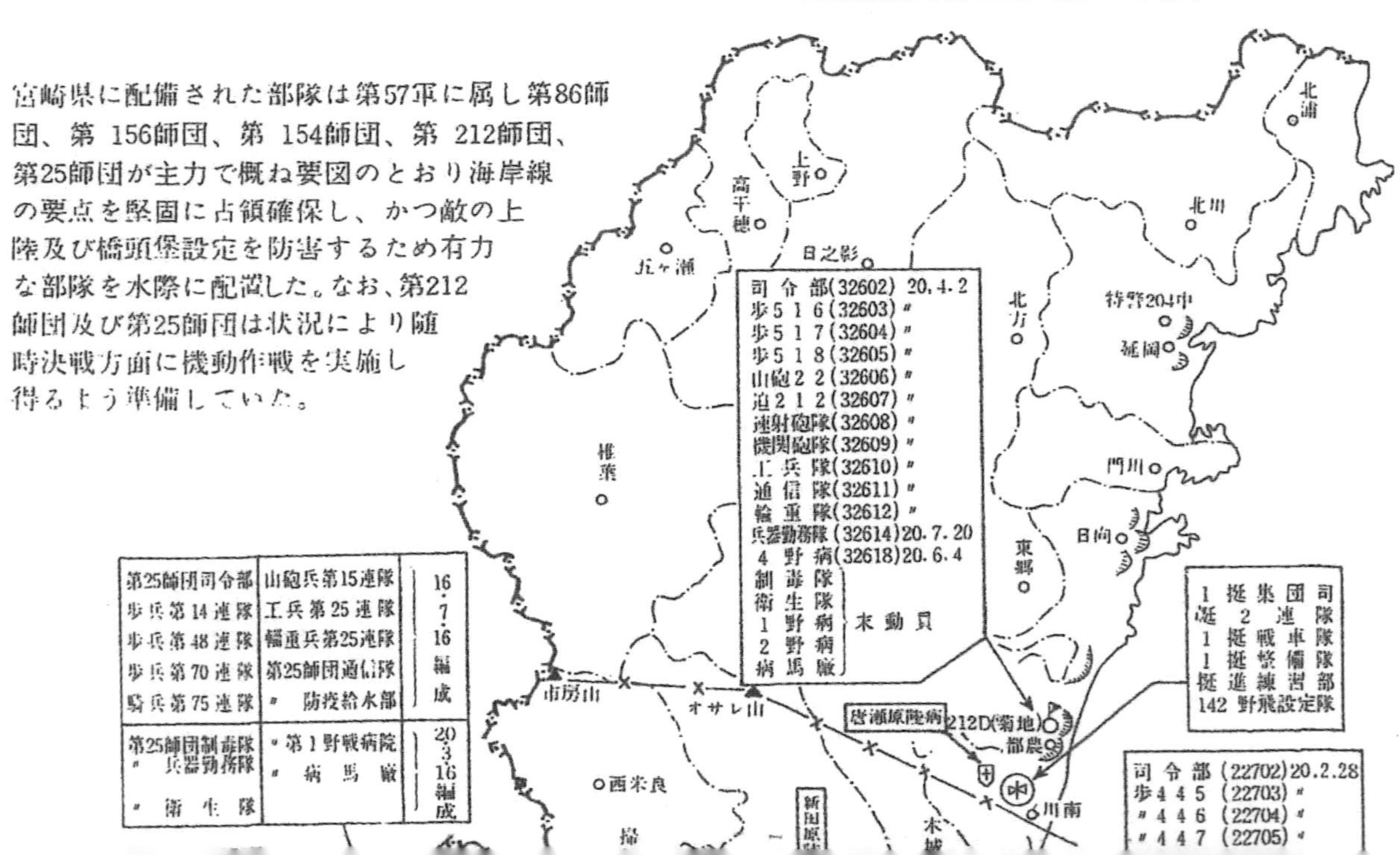

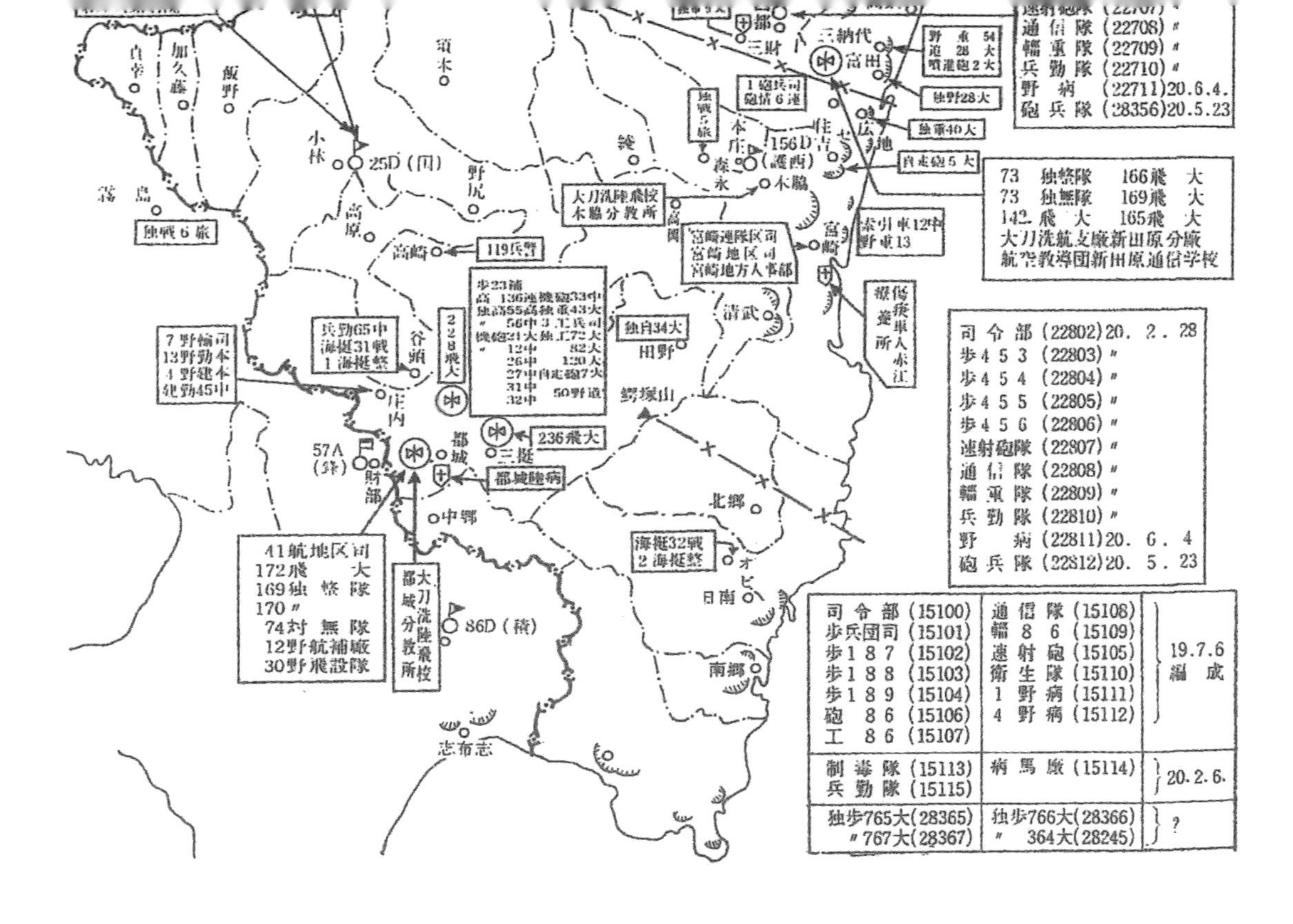

速射砲隊（22707）〃
通信隊（22708）〃
輜重隊（22709）〃
兵勤隊（22710）〃
野病（22711）20.6.4.
砲兵隊（28356）20.5.23
白浜
加久藤
飯野
須木
小林
25D（国）
野尻
高原
高崎
宮島
独戦6旅
綾
本庄
森永
156D（護西）
住吉
広瀬
三納代
宮田
三財
都
木脇
宮崎
清武
田野
鰐塚山
北郷
日南
南郷
志布志
谷頭
庄内
財部
57A（鋒）
都城
三股
中郷
86D（積）
野重54大
追28大
噴進砲2大
1砲兵司
砲情6連
独野28大
独戦5旅
独重40大
自走砲5大
73 独整隊 166飛大
73 独無隊 169飛大
142飛大 165飛大
大刀洗航支廠新田原分廠
航空教導団新田原通信学校
大刀洗陸飛校
木脇分教所
宮崎連隊区司
宮崎地区司
宮崎地方人事部
索引車12中
野重13
傷痍軍人赤江療養所
119兵野
独自34大
7野輸司
13野勤本
4野建本
独勤45中
兵勤65中
海挺31戦
1海挺整
228飛大
236飛大
都城陸病
海挺32戦
2海挺整
41航地区司
172飛大
169独整隊
170〃
74対無隊
12野航補廠
30野飛設隊
大刀洗陸飛校
都城分教所
司令部（22802）20. 2. 28
歩453（22803）〃
歩454（22804）〃
歩455（22805）〃
歩456（22806）〃
速射砲隊（22807）〃
通信隊（22808）〃
輜重隊（22809）〃
兵勤隊（22810）〃
野病（22811）20. 6. 4
砲兵隊（22812）20. 5. 23
司令部（15100）
歩兵団司（15101）
歩187（15102）
歩188（15103）
歩189（15104）
砲86（15106）
工86（15107）
通信隊（15108）
輜86（15109）
速射砲（15105）
衛生隊（15110）
1野病（15111）
4野病（15112）
19.7.6 編成
制毒隊（15113）
兵勤隊（15115）
病馬廠（15114）
20.2.6.
独歩765大（28365）
〃767大（28367）
独歩766大（28366）
〃364大（28245）
?

動作戦を実施しうるよう準備していた」という説明が付されています（同書　935ページ）。

第57軍（兵団文字符　鋒（ほこ））中将　西原貫治

同軍司令部　鹿児島県曽於（そお）郡財部（たからべ）町（現曽於市）

（前ページ図参照）

以下に宮崎県内に配置された第57軍に属した各師団の守備範囲、任務等を見ていきましょう。

(1)　第86師団

九州防衛の任務の下に第16方面軍が発足し、発足当時における方面軍の兵力はわずかに第86師団を基幹とするものだけでした。

第86師団（兵団文字符　積（せき））中将　芳仲和太郎　　師団司令部　鹿児島・松山町

歩兵4個連隊、速射砲隊など

第86師団は1944（昭和19）年4月4日に留守第56師団を基幹に久留米で編成されました。当初は西部軍の指揮下にありましたが、翌1945年4月8日に新設された第57軍の戦闘序列に編入されました。

「19年8月下旬、主力をもって都城南部曽於丘陵、志布志沿岸地区、一部をもって南郷、福島地区に進出し、9月中旬から作業を開始、主として陣地の棲息施設を構築した。……20年1月中旬、新たに軍需品集積のための簡易洞窟の構築を命ぜられ、2月上旬から3月下旬まで洞窟構築を実施した」（戦史叢書　本土決戦準備(2)――九州の防衛――199ページ）。

また、「師団は2月中旬から3月下旬ころまで、主として財部町（都城市西側）、庄内町（都城市北西側）、都城市及び松山町（都城市南側20キロ）付近において簡易洞窟を構築した」とも述べられています（同210ページ）。

第86師団の展開地域は大隅半島と一部宮崎県の福島地方（串間市）でした。師団の兵力を地区ごとに区分して各部隊の任務を定めました。1、隅西支隊（独立混成第98旅団基幹）、2、有明地区隊（重砲兵第15連隊基幹）、3、鹿屋地区隊（歩兵第188連隊基幹）、4、志布志地区隊（歩兵第187連隊基幹）、5、福島地区隊（歩兵第189連隊基幹）。

福島地区隊の任務については次のように述べられています。

「主力をもって風田、油津付近及びその南方海岸を、また有力な一部をもって福島拠点を堅固に占領し徹底した水際戦闘により敵を撃滅しその舟艇基地設定企図を破砕するとともに、わが水上（中）特攻基地の確保に任ずる」（同332ページ）。

福島地区隊の第189連隊の連隊長 山方知光大佐の名前をとった山方部隊が駐留したことを示す大きな記念碑が日南市飫肥の竹香園の一番高いところに建てられています。

山方部隊駐留之地碑

(2) 第1次兵備の動員——第154師団と第156師団

本土決戦準備のため、新兵備計画により本土作戦兵団として今後新設すべき作戦部隊は一般師団40個などその所要人員は約150万とされました。この計画の下に、第1次兵備として臨時動員された部隊は、内地16個師団、朝鮮2個師団などがありました。これらの師団は樺太、千島の第88、第89師団を除き本土沿岸要域に配備して拘束目的のために運用されるもので、それぞれ百代番号が付けられました。動員完結時期は20年4月上旬～5月下旬とされました。

この内地16個師団のうちの2個師団が宮崎県内配備となりました（同213～214ページ）。

第154師団（同 護路（ごろ））中将 毛利末廣（20年3月～20年7月）
少将 二見秋三郎（20年8月～）
師団司令部 宮崎県児湯郡妻町（現西都市）

歩兵4個連隊、速射砲隊、砲兵隊など

「第154師団（主として姫路で編成）は、編成完成後4月下旬移動し、第156師団に隣接して、一ツ瀬川以北の北部宮崎平地に展開した。このため、さきに一ツ瀬川以北に展開していた第156師団は、配備を交代し宮崎付近に展開した」（同315ページ）。

第154師団作戦計画の骨子は次のとおりでした。「師団は主力をもって三納代、高鍋南側、同西側各高地にわたり、一部をもって小丸川北方通山村に至る高地にわたり、それぞれ台端を前縁とする主抵抗陣地を堅固に占領し、敵を台端前方水際地帯に撃滅する。一部をもって末永付近を占領し、一ツ瀬川に沿う敵の浸透を阻止する。

新田原、茶臼原付近に予期する敵空挺攻撃に対しては所在航空部隊を併せ区処しこれを撃滅する」（同323ページ）。

第156師団（同　護西）中将　樋口敬七郎

師団司令部　宮崎県東諸県郡本庄町（現国富町）

歩兵4個連隊、速射砲隊、砲兵隊など

「第156師団（主として久留米で編成）は、20年4月中旬編成完結後宮崎平地に前進し、従来留守第56師団（20年3月以降久留米師団管区部隊）が構築した陣地を継承し、当初鶯巣（青島南側10粁）付近から都農町付近にわたる約60粁正面を担当して、逐次到着する部隊を部署し陣地構築に着手した」（同315ページ）。

第156師団の作戦計画に次のような記述があります。「兵団は積兵団（第86師団）に連携し、折生迫西方高地付近から宮崎西方高地を経て久峰付近にわたる要域に堅固な主抵抗拠点を編成するとともに、前地（水際陣地から主抵抗陣地の間）及び主抵抗陣地の後方地区に有力な部隊を配備し、果敢な挺身遊撃と執拗な防御戦闘により敵戦力の減耗を図る」（同318〜319）。

(3)　第25師団

大本営陸軍部は、満州にあった一般師団3個、戦車師団1個等を本土に転用して、その兵備強化を図りました。この3個中の1個が第25師団でした。

第25師団（同　国）中将　加藤怜三　　師団司令部　宮崎・小林町
　歩兵3個連隊、制毒隊、騎兵連隊、山砲兵連隊など

「師団は昭和16年7月に編成され、満州の林口（黒竜江省牡丹江市）、平陽（同省蜜山市）にあって、満州の防衛に任じていた。その後、第16方面軍戦闘序列に編入され、3月下旬満州を出発し、4

月上旬宮崎県小林地区に移駐した」（同２２２ページ）。「第57軍の指揮下に入り、宮崎県小林付近に展開、機動（決戦）兵団としての訓練実施」（３５１ページ）。

都城市史には、第25師団は、歩兵３個連隊、騎兵・砲兵・工兵各１個連隊など兵員約２万５千であった。小林市に本部をおき、えびの市、高原町、野尻町に駐屯した、などと述べられています（「都城市史 通史編 近現代」９０２ページ）。

(4) 第２次兵備の動員――第２１２師団

「昭和20（１９４５）年４月２日軍令陸甲第61号により、第２０１師団等の臨時動員」が令されました。「本軍令により臨時動員された部隊は、第２０１師団等の８個師団」などです（同２７８ページ）。さらに「注」として、「第２次兵備により臨時動員された師団は、機動力を付与し打撃目的のため運用され、それぞれ２００代番号を使用されており、……決戦師団と呼称されている」とあります（同２７９ページ）。

上陸してきた敵の築く橋頭堡に対する突破力を強大にするよう考慮して、速射砲隊、機関砲隊などの砲兵火力を増加して編成する、としています。

この８個師団のうちの１個師団が宮崎県内に配備された第２１２師団でした。

第212師団（同　菊地（きくち））少将　桜井徳太郎　師団司令部　宮崎・都農町

歩兵3個連隊、速射砲隊、機関砲隊、山砲兵連隊など

第16方面軍は5月8日、「決戦方面ヲ南九州ト概定シ該方面ノ戦備ヲ速急強化セントス」とし、高射第4師団主力を第57軍司令官の指揮下に入れて南九州に展開させるとともに、第206師団等に対し、後記の指定地域にただちに前進し所要の訓練を実施するよう命令した」（同353ページ）。

この命令を受けて、第212師団は「なるべく速やかに主力をもって北部宮崎平地に前進し所要の訓練を実施」することとなりました（同353ページ）。

(5)　本土決戦に備え宮崎県内に配備された「決戦兵団」の実態

1945年5月、信太山

①　宮崎県小林市地方に配備された第25師団（兵力は2万5千人だったという）の山砲兵（さんほうへい）第15連隊の一兵士だった岸上清次さんは、ご自分の体験を『弱兵記』にまとめられています。

1945（昭和20）年6月1日未明、行き先も告げられずに大阪から西へむかう軍用列車に乗せられました。兵士たちは「孟宗竹をぶつ切りにした水筒、ショルダーの雑嚢（ざつのう）以外に武器も装備も持ち」ません

でした。翌朝、宮崎駅でプラットフォームの時計が8時を指しているのを見ました。宮崎駅から南へ進み、大淀川の鉄橋にさしかかったとき、空襲が始まり、グラマン戦闘機の機銃掃射を受けました。5、6人が負傷し、死者も一人出ました。

この時岸上さんは背中に機銃弾を受け大けがをしました。そのため、岸上さんともう一人の兵士は宮崎市内の谷口外科病院に入院しました。

50日を超す病院生活の後、傷がほぼ治癒したので7月20日、小林町（現小林市）殿所(とんどころ)の部隊本部に行き退院申告をしました。しかし治療を続ける必要があったので保楊枝原(ほようじばる)（思い違いで実際は鸙野(ひばりの)）の農家を借りた医務室に行きました。診察室裏の北側の隅に寝床があてがわれました。

「起き出した兵隊たちは、灌木の生い茂った細道を通って、谷川で顔を洗い、向こう側へ下って狭い草原に集合する。朝の点呼である」（同34ページ）。

「この一帯の谷に、班ごとに点在する兵舎は、思い思いに放漫な集団生活を営んでいるとしか見えない。兵器や装備を持たない兵隊は、朝食を済ませると、隊伍を組んで山を越えて行く。それは、近くの農家の山畑の、さつまいもの蔓返しの応援に行くのだと言う。何のためとは問うまでもない。演習や訓練を行うにも、執るべき銃や砲もなく、規律を保つ根源たるべき兵営そのものが、雨露をしのぐ最低限の設備さえ欠いているのだ」（同34ページ）。

「日が山陰に落ちきらないうちに夕食となった。孟宗竹(もうそうちく)を輪切りにした食器に、大豆入りの飯が底にあって、豆腐の汁が添えられている。『この大豆は……満州から運んで来たんや。……見とれよ。明日のおかずはオカラやから。……飯もおかずもこんなちょっぴりで、俺らみたいな病人でも腹が減ってかなわんのやから班の奴ら音ェ上げとるぜ……』隣の男は、喋りながらもまたたく間に食べ終わった」（同32ページ）。

岸上さんはこんなことも書いています。「一昨年教育招集で入隊した私は、ある日の演習で、戦車攻撃の訓練を受けた。……戦車に見立てた輜重車両を兵隊が曳いて駆けて来る。棒を小脇に抱えた助教が、その進行方向へ斜めに匍匐前進する。両者が至近距離に迫った時――手榴弾の信管を抜く動作そして間髪を入れず車両の轍の下に投げ入れる。（爆破して、戦車が擱座したと想定）助教が立ち上がって帯剣を抜いて、車両を曳く兵隊を刺す動作――というのが一連の流れであった」（同35ページ）。

2003年８月、ひ孫とともに

続けてこう書いています。「やがて、小休止になってひと息つくと、助教も兵隊の輪の中に入ってきて、教官の去った方へ顎をしゃくりながら言った。『こんな馬鹿みたいなこと、真面目にやらせるちゅうのもどうかしてるのう。こんなこと実際にやるようになったら日本もおしまいじゃ……。教官にしても、まさか本気ではないやろ……』」（同36ページ）。

日本の敗戦により、岸上清次さんは復員兵として8月31日に小林駅を出発し、9月2日の昼前、汗とほこりにまみれ、わが家の玄関に辿り着きました。

② 第212師団歩兵第516連隊（連隊長金田高秋中佐）の一兵士だった小木戸一雄（こきどかずお）さん（1923年1月1日生）の話（2004〈平成16〉年3月11日、私と同じ日向市迎洋園（げいようえん）にお住まいの小木戸さんのお宅を訪ねてお話を聞きました）。

「私は、連隊の経理部でした。経理部は毎日20～30人が東郷町寺迫（てらざこ）の民家に泊まり込みで仕事をしていました。

連隊の兵士の様子はといえば、水筒は竹筒（たけづつ）、草鞋（わらじ）ばき、銃剣は竹の鞘（さや）（いざというときのために新品の用意があった）、食事はコウリャン飯でいつも空腹だった。山桃の木に登ることができず、切り倒して実を取って食べた。

隊舎は杉林の中に藁（わら）屋根の小屋を作って住んだ。トイレは穴を掘ってむしろでかこった。電気はなく、松根油（しょうこんゆ）を点した。

部隊は東郷町吉牟田（よしむた）地区に展開していた。ふとん爆弾（爆弾に見立てたふとん）を背負って戦車の下に飛び込む練習をしていた。戦車はといえば唐傘を転がして戦車に見立てた。

敗戦後、長崎の方に逃げて立てこもり闘おうという者もいてピストルを渡された者もいた。武器は訓練をしていた辺りに埋めたはずだ。

私は隊長命令で道路事情を調査に出て、2～3日寺迫の橋口さんというお宅に泊めてもらったことがありました。その家の娘さんが私の妻です」

戦史叢書の『本土決戦準備(2)――九州の防衛』に書かれた第16軍の各部隊は決戦兵団として勇ましく立派なように書かれていますが、実際の姿はそうではありませんでした。兵士らしい軍服がなく、武器・弾薬がなく、戦闘訓練がなく、したがって軍隊の規律がなく、食糧もない。兵士たち自身がこんなことでよいのかと自嘲気味だったことが分かります（武器弾薬が全くなかったわけではないのでしょうが、兵士たちにはそのことが知らされていなかったようです）。

(6) 第57軍が残した軍施設など

① 都城市付近に集積された第57軍の軍需物資について

『都城市史』は「都城には多数の軍直部隊が配置されていた」と述べています。「各地の学校はその宿営地になった。軍輸送隊（仁部隊）は、後方で作戦軍のために軍需品の輸送・補給を行う兵站の役割を担った。従って、糧秣・弾薬等が集積され、収蔵するための簡易洞窟（横穴壕）が各地の山裾などに掘られた。……中略

第57軍が保有している軍需品は、総量において弾薬約3・5師団会戦分、糧秣約112万人月分、自動車燃料約2500kℓ、戦車用燃料約600kℓ、被服約42万人分、衛生材料約80万人月分、獣医資材約11万頭月分であった」（「都城市史　通史編　近現代」903～904ページ）。

○　町区　堂園幸子さんの証言

「私は昭和19（1944）年7月、18歳のとき、川崎航空都城工場より糧秣廠に転勤になり、筆生（事務官の呼称）として勤務しました。

昭和20年10月に米軍が志布志湾に進攻すると予測した軍部は、当地区に5カ師団を配置することになり、これに対応するために、陸軍糧秣廠を庄内青年学校（現庄内中）に設置することになったということです。昭和19年春頃、藤實恵夫大尉が先遣隊長として赴任し、昭和19年6月頃、鋒・奈良部隊の隊長、奈良愛英中佐の率いる本隊が到着、物資の搬入は19年の末頃から行われ、庄内を中心に、財部や山田など北諸県郡内の町村や洞窟や野積みなど約700カ所に10万人が6カ月間、生活できるだけの食糧・被服・医薬品などの物資が集積されていて、九州では最大規模のものだったそうです。後に小林地区に設置されていた被服廠や需品廠も合併されて、第57軍野戦貨物廠と改称されたのが丁度終戦の日の8月15日でした」

○　山下謙二郎さんの証言

「庄内の城山には縦横に防空壕を掘りめぐらし、糧秣、衣料の貯え、工機類の準備をしていた。陸軍部隊の駐屯は、小学校だけでなくお寺や民家等が宿舎になっていた。私の家にも将校や兵士（尉官級3名、付き人兵士3名）が宿泊していた。

小学校高学年の児童は、農家の子どもは自宅の農作業に、非農家の子どもは農家の手伝いに行かされていた。また、教科の授業は分散授業といって、地区ごとに民家や木陰での青空教室が行われていた。戦争のために国民の生活は踏みにじられていたのである」（「庄内空襲」山下謙二郎著、私家版のパンフレットより）。

②　庄内・城山の地下壕（都城市庄内町の庄内街区公園のある城山）

城山への登り口の左手50メートルのところの藪（やぶ）の中に白く見えるところがあります。最後の1つとして残されていた地下壕の出入り口のあとです。たくさんあった出入り口は土砂で埋め戻され、今ではその跡さえ分かりません。唯一分かるのがコンクリート壁というわけです（地下壕1－1だったところか。福田撮影）。

都城市役所作成の「庄内地区特殊地下壕平面図」という地図があります。この平面図によれば城山の東側、地下を縦横に走る大地下壕（地下壕1）があり、城山の西北部分に地下壕2・地下壕3・地下壕4・地下壕5・地下壕6があったことが分かります。そしてそれぞれの地下壕にはいくつもの出入り口がありました。

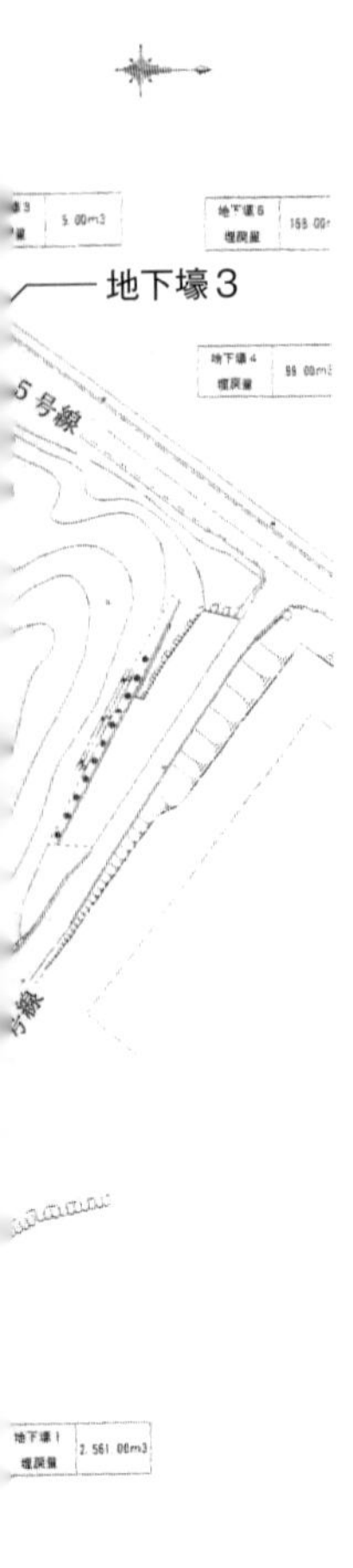

庄内地区特殊地下壕平面図
（都城市役所作成、著者が一部手を加えました）

地下壕１-２

地下壕をふさぐコンクリート壁

地下壕３-１

地下壕２-１

（地下壕写真：庄内公民館事務局提供）

戦後しばらくは金網などで地下壕口が塞がれ、中の様子をのぞくこともできましたが、他県で防空壕などでの子どもの事故があったことなどから土砂により埋め戻されてしまいました。

③　三股町の横穴壕

２０２２（令和４）年11月28日、三股町役場を訪問し、宮崎県政80年史に写真入りで紹介されている沖水川沿いの「軍需物資格納洞」に行きたいと案内をお願いしたところ、当日は担当者が不在だったようだが、２人の職員に丁寧に案内してもらった。

第57軍のいずれかの部隊が掘った

ものと思われますが、この梶山地区の壕は堅牢な作りで、入口の幅3メートル、高さ4メートル、奥行きは約50メートルもありました。この場所にはこの壕が1つでした。少し離れた勝岡地区には、入口の幅1・5メートル、高さ2メートル、奥行き5メートルぐらいの壕がありました。この地区には、このような壕が6カ所集中してあるということでした。

梶山地区の壕（入口）

壕の内部（奥行き50m）

勝岡地区の壕（6つある）

4　海軍の本土決戦準備

海軍では本土決戦準備として特攻部隊が配備されました。

『本土決戦準備(2)――九州の防衛』の第六章「決号作戦準備の強化促進」の四「終戦までの第16方面軍作戦準備の指導」の中に　挿図第35（489ページ）があります。

特攻基地配置図　機密佐世保鎮守府命令作第90号　別図（昭和20年7月25日）

また、「海軍特攻部隊の配備と攻撃成果予想」という項目があります（498ページ）。

そこには次のような記述があります。

○水上、水中特攻部隊の編成配備

「水上及び水中特攻基地の配備は、敵の予想来攻正面に徹底的に兵力を集中指向しうることを主眼とし、かつ該方面の陸上防御配備との吻合（ふんごう）を図るよう示された。そしてその兵力配備の重点は九州南部（日向灘、有明湾、鹿児島湾及び薩摩半島西岸）、四国南部及び関東方面とし、九州、四国方面は20年8月末までに、関東方面は同年10月初旬までに一応兵力展開を完了する予定であった」（499ページ）。

○特攻部隊による攻撃成果予想の概要

挿図第三十五

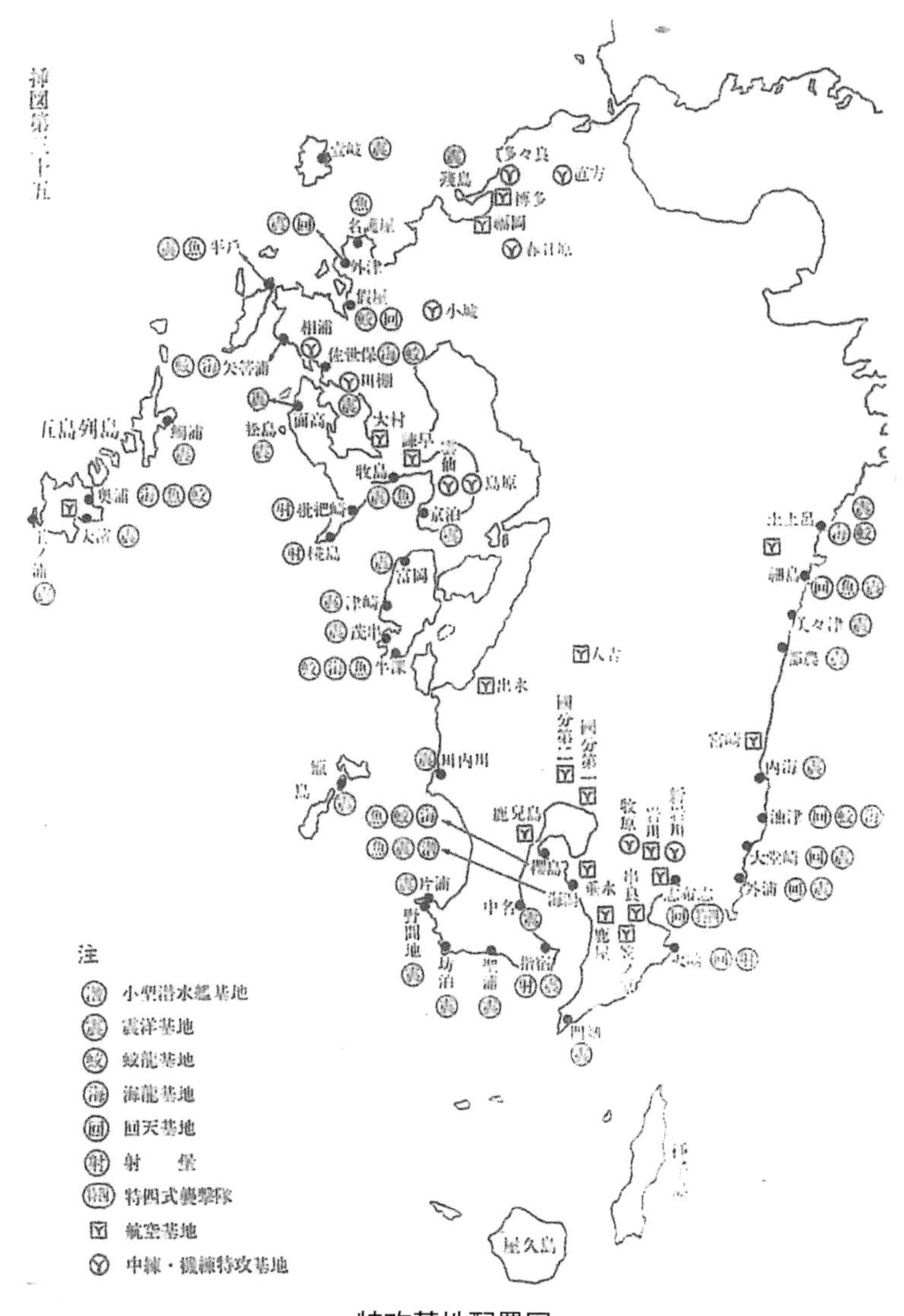

特攻基地配置図
機密佐世保鎮守府命令作第90号　別図（昭和20年７月25日）

突撃隊編成進出状況 (編成S.20.7.27現在) Date

所属	特攻戦隊	突撃隊	配備地	回天（1型） 隊番号	配備地	進出日	基数	基地	海竜	蛟竜	震洋	魚雷艇
横須賀	第7	12突	勝浦	12	小浜	8－6	6	大津島	12		200	
		14突	野々浜						12		25	
		17突	小名浜						12		25	4
	第1	11突	油壺	14	小和田	未	(8)	(光)	36		100	4
		15突	江ノ浦	13	網代	未	(10)	(光)	24		75	
		16突	下田						12		150	5
		18突	勝山						12		50	
		横須賀突	横須賀						36			5
	第4	八丈島警	八丈島	2	八丈｛底土	5－15	4	大津島			50	
					｛石積	5－20	4	光				
		13突	鳥羽	15	鳥羽大井	未	(4)	(平生)			50	
		19突	的矢						24			
阪警	第6	22突	小松島	16	由良白崎	8－6	4	大津島	24		50	4
	第8	21突	宿毛	11	麦ヶ浦	8－3	8	大神	12		50	4
		23突	須崎	4	須崎	5－24	4	光			175	3
						6－4	4	〃				
				7		6－20	4	〃				

呉				6	浦　戸	6－20	4	〃				
						5－21	4	平　生				
		24突	佐　伯			6－1	4	〃	12			9
	第　2	大浦突	大　浦							36		
		小豆島突	草　壁							12		
		光　突	光		光		30	光				
			大津島		大津島		22	大津島				
		平生突	平　生		平　生		25	平　生				
		大神突	大　神		大　神		16	大　神				
佐世保	第　3	31突	矢　岳							4	50	11
		34突	唐　津								25	17
		川棚突	川　棚								200	30
	第　5	32突	鹿児島						12		500	12
		33突	油　津	3	油　津	5－5	4	大津島	12		100	12
						6－2	4	〃				
						6－8	1	〃				
				5	南郷栄松	6－17	7	大津島				
					大堂津	7－14	1	〃				
						8－14	3	〃				
				9	内　海	7－22	6	光				
				10	内ノ浦	未	（4）	（未）				
		35突	細　島	8	細　島	7－8	6	平　生				
						7－14	6	〃			125	12

「また前述したように、海軍水上、水中特攻兵力として蛟竜約100隻、海竜、回天約400隻、震洋約2000隻（うち作戦可能なもの約1000隻）の使用が計画された。

海軍は敵が20年8、9月ころ本土に来攻した場合、その予想上陸輸送船総隻数が約2000隻とし、これに前記の特攻部隊により攻撃を加えた場合、その約490隻（総隻数の約25％）を撃滅可能であろうと予想した」（499～500ページ）。

米軍は事前に徹底した空爆を行い、艦砲射撃や火炎放射器で破壊し焼き尽くしたのちに上陸してくるものと思われます。日本軍の特攻作戦への対応は計算済みと思われます。25％の成功率の予想は如何なものだったでしょうか。

佐世保鎮守府が作成した「突撃隊編成進出状況」（編成S・20・7・27現在）があります。この表により第1～第8特攻戦隊の進出状況を知ることができます。

進出状況の表は前ページのとおりです。

5　県内に配備された海軍・33突、35突

(1)　特別攻撃隊（「特攻隊」）と特攻兵器

国語辞典によれば、特攻隊は次のように説明されています。「太平洋戦争中、体当たりの自殺的な攻撃を行った日本陸海軍の部隊」（広辞苑）。20歳になるかならない若者たちが自殺的な体当たり攻撃の訓練を毎日くり返し、その若者たちの多くが戦争終結を目前に、爆弾もろとも敵艦に突っ込み、二度と生きて帰りませんでした。

特攻（特別攻撃隊）には、①陸軍の特攻と海軍の特攻、②空からの特攻と海からの特攻、③制海権制空権を失い、日本の敗戦が決定的となった状況の下で、起死回生を期してとられた作戦としての特攻と、本土決戦に備えて採られた作戦としての特攻がありました。

日本軍が開発した特攻兵器には、空からのものと海からのものに分けて、次のようなものがありました。

空からの特攻兵器には、①通常の機体を利用したもの（胴体下または主翼下の爆弾懸吊機に、250～500kg程度の爆弾を取り付けた。海軍では「零戦」「彗星」など、陸軍では「隼」「飛燕」

など）、②爆弾を胴体内に内装したもの（胴体内を改造して大型爆弾８００kg２個を内装し、特殊な信管により破壊効果を大きくした。双発機が主で、海軍の「一式陸攻」「銀河」、陸軍の「飛竜」「九九双軽爆」など）、③特攻専用機（特殊攻撃機「剣」「桜花」）と、大別できます。保有機数の減少、乗員の練度不足などによって、攻撃は粗雑になっていきました。

海からの特攻兵器には、①水中を敏速に行動するために考えられた特殊有翼潜航艇「海竜」、②ベニヤ板製のモーターボートを爆装した水上特攻艇「震洋」、③５人乗りの大型で「甲標的Ｊ型」とも呼ばれた特殊潜航艇「蛟竜」、④酸素魚雷を改装した特殊兵器である人間魚雷「回天」の４種がありました。

先に掲げた「特攻基地配置図」中に特攻兵器の名前が出ています。特攻兵器についての同書の説明文を引用しておきましょう（同書５０１ページ）。

蛟竜　真珠湾、シドニー攻撃等において使用された特殊潜航艇の別名で、秘匿名を「甲標的」艦とも呼ばれた……。甲標的（Ｊ型）は全長26・25米（メートル）、直径２・04米、排水量59・３トン、速力－水上８ノット、水中16ノット、航続力は８ノット航速で１０００浬、乗員５名。

海竜　有翼小型潜水艦で、昭和20年４月ころから量産された。全長７・28米、排水量19・２トン、本体の下部両側に魚雷発射管２基と艇首に爆薬を装備、敵艦船に肉薄して魚雷発射と並行して体当たり攻撃を実施、最大速力6・5ノット。

回天　俗に「人間魚雷」とも呼ばれたもので、93式魚雷3型を利用し、これに外径1米の胴体、実用頭部、特眼鏡及び操縦装置等を装置したものである。回天1型の性能は、全長14・75米、直径1米、全重量7・3トン、最高速力30ノット、行動半径20ノットで4・3粁（キロメートル）で頭部炸薬1・5トンを装備した。

震洋　艇首に爆薬を装着したいわゆる「特攻用モーターボート」で、他の特攻兵器に比し構造が簡単で大量に生産された。震洋1型の性能は、全長6米、幅1・65米、吃水0・6米、排水量1・35トン、速力23ノット、航続力20ノットで250浬、爆薬約300瓩（トン）、12糎噴進砲1基を装備し、乗員は1名である。

陸軍の特攻艇（連絡艇）は震洋とほぼ同じであるが、モーターボートの後部に爆雷を積んだ（説明文に一部省略あり）。

［注］震洋隊は、第1震洋隊から第68震洋隊までの68の部隊が1人乗りの1型艇の部隊、第101震洋隊から第146震洋隊までの46の部隊が2人乗りの5型艇の部隊で、合計114個の部隊が編成されました（注は筆者による）。

1944（昭和19）年夏、マリアナ諸島を失った日本軍は、フィリピンのレイテ沖海戦を最後の決戦としましたが、この戦いで海軍は決定的な打撃を受け、その存在意義を失うことになりました。10月25日、栗田艦隊のレイテ湾突入を援助するため、特攻隊が初めて出撃しました。敵空母飛行甲板の破壊を目的としていましたが、結果は予想以上で、突入した5機全部が命中し、うち特設空母1隻は沈没しました。

この「成功」を見た陸軍も、半月後には万朶(ばんだ)隊を出撃させました。以後、特攻は日常化し、45年3月からの沖縄戦では攻撃の主力となり、特に4月から6月の「菊水」作戦では2000人以上が戦死しました。また敗戦までに、両軍合わせて約4300人以上が犠牲になりました。

「米側発表では、特攻機のうち18・6％が命中か至近突入し、損傷数は空母20、戦艦14、軽空母・護衛空母23であった。

特攻は奇襲として使用する時には有効であったが、通常戦術として使用することは無謀であった。特攻が日常化するにつれて敵の対策も強化され、戦果は減り被害は増大し、最後には優秀な搭乗員も兵器もなくなるという消耗戦であったからである。……しかも、飛行機は翼があるため降下速度に限界があり、さらに軽金属が鋼鉄に当たるため破壊力が小さく、巡洋艦以上の正式軍艦で沈没したものが無く、被害の総トン数は大型空母1隻分（排水量3万8千トン）程度であった。その欠陥を補うために人間爆弾『桜花』が開発された。しかし、制空権がなければ発射地点まで母機が到達することは不可能であり、同様に『回天』も発射地点まで行けなかった。『震洋』に至っては、高波に耐えられず防御力も弱く、戦果は望めそうになかった。

米兵が『神風ノイローゼ』に陥ったとしても、また特攻した若者の犠牲的精神は高く評価できたとしても、それは戦術的には、優れたものではなかった。むしろ米軍指揮官は、特攻戦術の出現によって、日本軍の戦争機能が壊滅に瀕しており、精神状態が自暴自棄的になっていることを知ったのである」

（この項は、「週刊朝日百科　日本の歴史122」の櫻井良樹論文『戦術としての〈特攻〉』による。「　」内の文章はそれよりの引用）

(2)　県内に配備された海軍の第五特攻戦隊の第33突撃隊と第35突撃隊

連合軍の沖縄制圧に続き本土上陸が必至、それも九州南部、宮崎県にという情勢から、それを迎え撃つために陸・海軍の部隊がそれぞれ県内に配備されました。海軍では、昭和20年の4月から6月にかけて、人間魚雷「回天」の部隊や水上特攻艇「震洋」の部隊が県南と県北に進出しました。

前掲の「特攻戦隊進出状況」表に基づけば、宮崎県内には第5特攻戦隊の第33突撃隊が油津（日南市油津）に、第35突撃隊が細島（日向市細島）に進出しました。

以下に第33突撃隊及び第35突撃隊の各地の配備状況を見ることにしましょう。なお、突撃隊はいずれも「嵐部隊（あらしぶたい）」と命名されていました。

①　第33突撃隊

県南に配備されたのは佐世保鎮守府所属、第5特攻戦隊の第33突撃隊でした。

第33突撃隊
第3回天隊（油津、回天9基）
第5回天隊（南郷栄松、7基、大堂津、4基）
第9回天隊（内海、6基）
第54震洋隊（大堂津）
第117震洋隊（油津より大堂津へ転進）
第126震洋隊（油津より外浦へ進出）震洋艇計100隻配置
海竜隊（海竜12基）、魚雷艇隊（魚雷艇12隻）も所属。

第3回天隊は、山口県の大津島基地で訓練した搭乗員9人、したがって回天9基を保有した。回天の油津基地は油津港の東岸を沖に突き出た半島の西側に数本の格納壕が掘られていた。回天は5月5日から6月8日までに輸送された。

私（筆者）は、2022（令和4）年6月29～30日の2日間、宮崎市の内海から日南市にかけて日南海岸の回天や震洋部隊の進出地の様子を探って歩きました。過去に歩いたことはあるのですが、戦後77年目に改めて歩いてみると、生い茂る夏草に覆われてそれらしい戦跡は分かりません。地元の人たちが残してくれた標柱や記念碑だけを確認する旅でした。

油津港の東岸を沖に突き出た半島（この先端を大節鼻といいます）の西側を南に進むと道路の右側に

第3、第5回天隊の搭乗員（大津島か）

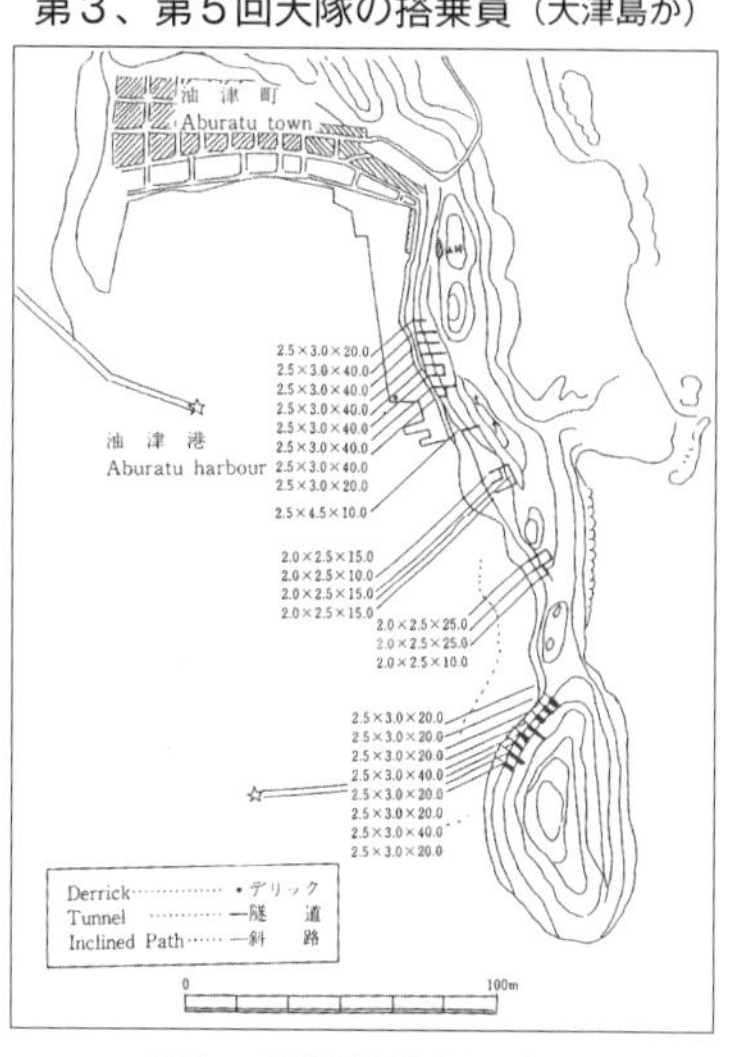

33突・油津基地見取り図

回天・震洋基地跡の木柱

油津港湾労働者福祉センター（住所：油津4丁目14）があります。このセンターの前の道路の向かい側にたばこ屋があります。そのお店の女性（60代後半？）は「私が子どものころには半島の地中に南北に走る長いトンネルが掘られていました。そのトンネルの途中に3カ所ばかり出入り口がありました。隊員の兵隊さんたちが出入りしたものでしょう」と話されました。この店の辺りで人家は途絶え、50メートルばかり南へ進むと道路左脇の藪に「人間魚雷回天・震洋油津基地跡」と書かれた木柱を見つけました。木柱は地中に打ち込まれていたのでしょうが今では下部が腐って倒れ、崖に立てかけられていました。

「回天格納庫跡」の木柱

第五回天隊の７人の搭乗員

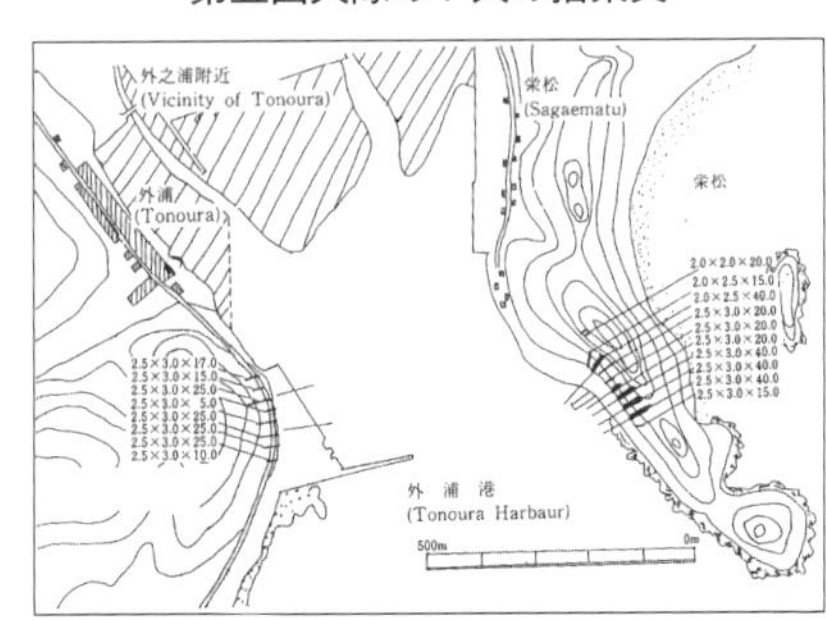

栄松基地見取り図

第5回天隊は、大津島から搭乗員7人が6月7日に陸路で出発、南郷町の外浦港の東側をかこむ栄松半島の南郷栄松基地に進出しました。回天は7基。

前掲の「突撃隊編成進出状況」表には第5回天隊の回天7基の外に第5回天隊の4基が大堂津にも配備されたことになっています。しかし、『特攻回天戦』（小灘利春+片岡紀明著）によれば、第5回天隊は栄松基地に進出した回天7基のみで搭乗員の写真も7人です。

「突撃隊編成進出状況」表にある大堂津に進出した回天4基を『特攻回天戦』は第5回天隊に含めず、第10回天隊として説明しています。したがって私もこの説明に従うことにし、第10回天隊についてはこの後すぐ触れることにします。

２０２２年6月29日、私は外浦港を訪れ、栄松半島へと進みました。

人家が途絶えたところからさらに進むと栄松造船所があります。道路はこの造船所の裏手の狭いところを通っているのですが、この造船所のすぐ裏の道端に「回天格納庫跡」という木柱が立てられています。そのすぐ右に「はいってはいけません　だめよ!!」という日南市が立てた小さな看板があります。木柱と看板の間の草むらをのぞくと真っ暗な洞穴が口を開けていました。

第9回天隊は、山口県の光訓練基地から搭乗員6人が7月22日に、内海基地（宮崎市内海）に進出。回天6基。山口仁之元搭乗員は、「各自、自分の操縦する回天を整備兵と共に整備点検したり、掩体壕（えんたいごう）から港の海底まで回天を発進させるために敷設した線路を敵機に察知されないように砂でおおい隠す仕事が主な日課でした」と語っています。また、内海の河野為一氏は「人間魚雷を格納する掩体壕は、私の所有する鵜山という山の谷あいに、2本ほどトンネルを掘って築かれていました。幅3メートル長さ50メートルでした」（『みやざき民俗』第58号湯浅倉平論文）。

搭乗員6人（山口搭乗員は後列左端）

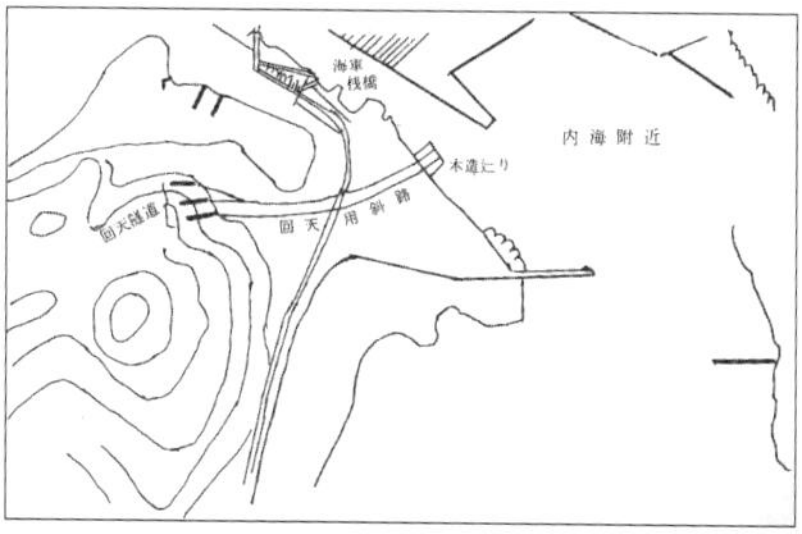

内海基地見取り図

筆者は6月29日、内海漁協の前に立ち、港の奥（西北方）を眺めました。回天基地があった辺りには家が建ち並んでいます。ＪＲ日南線内海駅の左手に当時のトンネル（回天隧道）があるというので、高台の内海駅に登ってみましたが、辺りは木立に覆われ、今となっては探すこともできませんでした。

第10回天隊について。第５回天隊のうちの回天４基は大堂津に配備と書かれていますが、そうではなくて、大堂津配備の回天４基は第10回天隊だったようです。

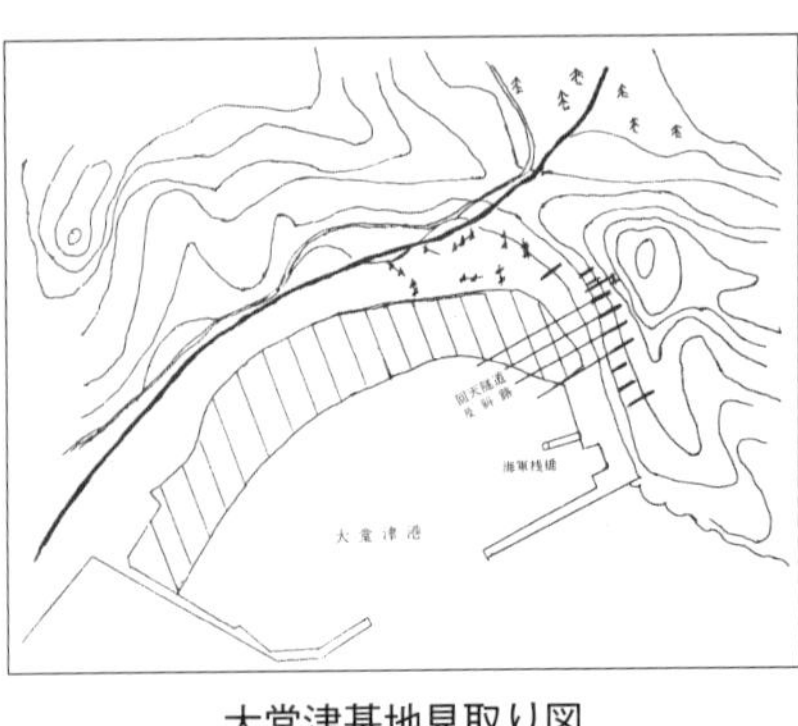

大堂津基地見取り図

第10回天隊として「油津の南の『大堂津基地』（現日南市）に大津島で編成の搭乗員４名が８月14日に進出した」と『特攻回天戦』に書かれています。同書には「大堂津海岸の北東、下方岬の崖に港を向いて４本の回天格納壕がある」とも書かれています（同書３３４ページ）。

回天は、７月27日に２基、28日に２基が潜水艦により輸送されたといいます。

第54震洋隊は、総員１８０人でうち搭乗員は53人でした。震洋艇１型（１人乗り）を50隻保有。長崎県の川棚臨時魚雷艇訓練所にて訓練、大堂津基地に5月に進出した。大堂津小学校を宿舎としました。7、8月は空襲が多く、現地での訓練はできなかったということです。

第117震洋隊は、総員188人、搭乗員は50人、震洋艇5型を26隻保有しました。

三重海軍航空隊乙第19期17分隊から117震洋隊が編成された。8月上旬、出撃命令が出され日南市大堂津に進出。

戦後36年目、戦友会を開く。元搭乗員15人が集まり、昭和63(1988)年4月17日、「平和の祈り」記念碑を大堂津海岸を一望する猪崎鼻公園に建立しました。

第126震洋隊は、総員171人でうち搭乗員は48人、川棚で訓練を受けた。進出は基地の完成が遅れ6月となった。配備地は油津から外浦に転進。震洋艇5型(2人乗り)を26隻保有。

② **日南地区に建てられている記念碑2基について**

次ページ写真左の「人間魚雷回天訓練之地」碑は、南郷町(現日南市)海友会の人たちが1968(昭和43)年8月15日に建立したものです。外浦港を見下ろす贄波(にえなみ)に建っており、碑には特攻隊員詠の歌「南海にたとえこの身ははつるとも幾年のちの春をおもえば」とともに、この地は乗組員たちが「祖国の存亡を憂い猛訓練をつづけた海である。……若人の血のにじむ猛訓練のあとを偲び、祖国のために散った戦友を追悼し永遠の平和を祈念してこの碑を建立する」と刻まれています。

同写真右の「平和の祈り」碑は、第117震洋隊の搭乗員有志15人が大堂津の海のみえる公園に

外浦港を見下ろす贄波に建つ
「人間魚雷回天訓練之地」碑

第117震洋隊元隊員が建てた
記念碑『平和の祈り』

建立しました。碑の正面「平和の祈り」の文字の下の部分に碑文が刻まれています。「昭和20年4月、大堂津に第117震洋隊の基地が設けられ、……日夜訓練に励んでいました。……あれから42年の歳月が流れ日本は……自由と平和に満たされた平和国家として栄えています。日本はもう二度とあのような苛酷な戦争を起こしてはなりません……」と平和を祈念することばが刻まれています。

（写真は2枚とも2000年8月29日に日南市の戦跡めぐりをしたとき、筆者が撮影したものです。）

③　第35突撃隊

県北に配備されたのは佐世保鎮守府所属、第5特攻戦隊の第35突撃隊でした。

第35突撃隊　第8回天隊（細島、回天12基）
第48震洋隊（土々呂）
第116震洋隊（美々津から土々呂へ転進）

第121震洋隊（細島から梶木へ転進）
第122震洋隊（都農から美々津へ転進） 震洋艇計125隻配置
魚雷艇隊（魚雷艇12隻）も所属。

第8回天隊は、山口県平生基地で編成され、7月8日と14日に日向市の細島基地に進出しました。回天搭乗員は12人、回天は12基でした。回天格納壕は、日向市日知屋の幡浦で細島商業港の北岸、細島魚市場の対岸に9本掘られた。うち6本は奥行き30メートルあり、1本の壕に回天2基ずつを格納しました。他の3本は物資倉庫などに使用したといいます。

搭乗員の1人だった青柳恵二さんは「隊員は搭乗員も含めて30～40人いた。隊長は井上薫中尉だった。私たちは幡浦の黒木正司さん宅ほか1、2軒に分宿したように思います。将校たちは正司さん宅の上の江川さんの別荘に住んでいました」と語りました（2005年4月19日）。

第8回天隊の搭乗員12人
（青柳恵二さんは4列目左の人）

日向市細島の商業港や御鉾ヶ浦に掘られた回天や震洋艇格納壕跡の見取り図

第８回天隊搭乗員だった青柳氏（2005年４月）

また、青柳さんは次のように書いています。「私は、今から60年前の太平洋戦争末期の昭和20年7月8日に、人間魚雷『回天』搭乗員として本土決戦に備えて日向市幡浦の基地に出撃しました。当時の私は19歳、軍国青年であったので国の為に捨て石になろうと覚悟を決めて出撃しました。幸い8月15日の終戦で辛うじて命拾いをしました。私は当時のことを振り返ってみる度に痛恨の思いを禁じ得ません。それは、戦局は日本にとって勝ち目のないところまで来ている中で寝食を共にした戦友が次々と出撃し、『回天』と共に自らの命を断っていったからです」（文集『憲法と私』第1集　日本国憲法施行60周年記念文集　宮崎県革新懇発行　２００７年7月）。

第48震洋隊は、総員１９３人、震洋艇は5型4隻、１型44隻でした。長崎県川棚で訓練し佐世保防備隊付となり宮崎県延岡市の土々呂に6月10日進出しました。宿舎は漁業組合の施設や民家に分宿しました。沖縄からの艦載機が警報の前触れもなく飛来する情況でしたので、夜間のみ訓練を行ったといいます。

第１１６震洋隊は、総員１８８人で、搭乗員は50人、震洋艇5型を26隻保有していました。川棚で訓練し、はじめ宮崎県児湯郡美々津（現日向市美々津町）に進出しましたが、震洋艇格納隧道がないのですぐ延岡市土々呂の赤水に移動しました。宿舎は延岡市鯛名町の名水小学校でした。

元搭乗員で艇隊長の1人だった田英夫さんは次のように書いています。「最初にやったのは、横穴を掘ることです。……横穴式の防空壕を掘って船を入れるのですが……基地隊といわれる召集兵が穴を掘る仕事をしました」

「部隊の生活は、特攻隊という部隊の構成上、おかしな雰囲気のものでした。部隊の中の数からいうと、200人の中の50数人が死んでいく役割でした。……人間、やっぱり死んでいくという者は覚悟を決めていますから、独特の雰囲気になっています。死なない人たちはただの人間ですから、それが一緒に生活しているというのは、妙な感じのものです」(『特攻隊と憲法9条』59~61ページ)。

第116震洋隊が掘った格納壕

第121震洋隊は、総員188人、搭乗員は50人で、5型震洋艇を26隻保有していました。5月上旬、宮崎県東臼杵郡富島町細島(現日向市細島)の御鉾ヶ浦に進出しました。本部を御鉾ヶ浦の伊藤定治氏宅に置き、付近の農園や山林内に兵舎を設営しました。海岸に艇の格納壕の掘削をはじめますが、岩盤固く艇の秘匿適地が見つからず、6月中旬、富島町日知屋(現日向市日知屋)の梶木に

第121震洋隊が御鉾ヶ浦に残した掘りかけの震洋艇格納壕

第121震洋隊の元隊員が梶木基地跡に建てた記念柱と説明板

転進しました。御鉾ヶ浦の海岸には掘削途中の壕の跡が残っています。梶木では、向ヶ浜より艇を引き揚げ山中に隠しました。

第122震洋隊は、総員185人、搭乗員は50人で、5型震洋艇を25隻保有しました。川棚で訓練し、5月10日過ぎ、宮崎県児湯郡美々津町に到着しました。艇は耳川の河岸に繋留し、宿舎は美々津町石並の「海洋道場拝光寮」でした。ここでも艇の格納壕の掘削が困難で、美々津の南方児湯郡都農町の下浜漁港付近の松林の中に半地下壕を作り格納し、艇隊員は付近の民家に分散宿泊しました。

当時を知る美々津地区の人は、「耳川の中洲に窪地を作り、そこに艇を入れ、その上に木の枝や草を乗せ偽装していた」と語っています。耳川の河口近くには現在も大きな中洲があります。

※「5」の項で県内に配備された海軍・33突、35突を取り上げましたが、その中で回天隊の搭乗員の写真と基地見取り図を使いました。これらは参考文献中の『人間魚雷写真集　回天特別攻撃隊』よりのものだということをお断りいたします。

6　米軍の本土侵攻計画

日本が１９４４（昭和19）年の秋から本土決戦の準備に入ったことは前に述べました。アメリカの日本本土上陸作戦はいつ頃決定されたのでしょうか。

アメリカは、硫黄島の戦いや沖縄戦において大きな犠牲を出したこともあって、米軍内に日本本土上陸作戦には慎重な意見がありました。しかし、戦争を早期に終結させるためとのマッカーサー陸軍元帥などの意見が入れられて１９４５年5月10日、アメリカの統合参謀本部は南九州上陸の「オリンピック作戦」、関東上陸の「コロネット作戦」の実施を決定しました。5月25日には作戦開始時期をオリンピック作戦は11月1日、コロネット作戦は１９４６年3月1日と決定しました（オリンピック作戦とコロネット作戦とを合わせた全体の名称をダウンフォール作戦と名付けました）。

アメリカの「オリンピック作戦」について、『幻でなかった本土決戦』（歴史教育者協議会編）は次のように述べています。

「南九州にたいするオリンピック作戦は、アメリカ第6軍が担当し、10月27・28日に種子島などにまず先遣隊（歩兵師団1）を上陸させ、11月1日に第1軍団（歩兵師団3）が宮崎周辺に、第11軍団（歩兵師団1）が志布志湾に、第5上陸作戦軍団（海兵師団3）が薩摩半島に上陸するよう計画されており、その他に第9軍団（歩兵師団3）が予備軍団とされていた。すなわち、鹿児島・宮崎方面に米軍は、11個師団と1個機甲師団を一挙に上陸させる計画であった。

これにたいして日本軍は、九州に第16方面軍（師団14、独混8、独立戦車旅団3、高射師団1）を配置し、米軍の上陸を予想して、そのうち第57軍（師団4、独混2、独立戦車旅団2）を宮崎方面に、第40軍（師団4、独混1）を薩摩半島方面に配備していた。つまり、南部九州にたいする米進攻戦力＝一般師団11にたいし、日本側戦力＝一般師団8・独混3であり、両軍の火力・機動力の格差を考慮するまでもなく、この方面での決戦は計画段階においても日本側が劣勢であった」（同書37ページ）。

〈参考文献〉戦史叢書『本土決戦準備(2)――九州の防衛――』昭和47年7月20日発行　朝雲新聞社
『幻でなかった本土決戦』歴史教育者協議会編　1995年7月7日発行　高文研
『日本本土決戦』戦記シリーズ　第59号　2002年8月10日発行　新人物往来社
『特攻回天戦　回天特攻隊隊長の回想』小灘利春＋片岡紀明著　光人社
『人間魚雷・写真集　回天特別攻撃隊』1992年12月18日発行　全国回天会事務局
『写真集　人間兵器　震洋特別攻撃隊』1990年5月30日発行　国書刊行会
『私たちの町でも戦争があった　アジア太平洋戦争と日向市』福田鉄文著　2019年9月10日発行　鉱脈社
「戦争はあかん！庶民の記録　第2集　『防衛召集から本土決戦要員へ　岸上清次の戦争体験』」金岡公園ピースメモリークラブ発行　2003年10月30日発行
『みやざき民俗』第58号の湯浅倉平論文「内海港の人間魚雷発進基地検証」
『特攻隊と憲法9条』田英夫著　2007年7月24日発行　リヨン社

地図「オリンピック作戦の概要」（『日本本土決戦』147ページより）

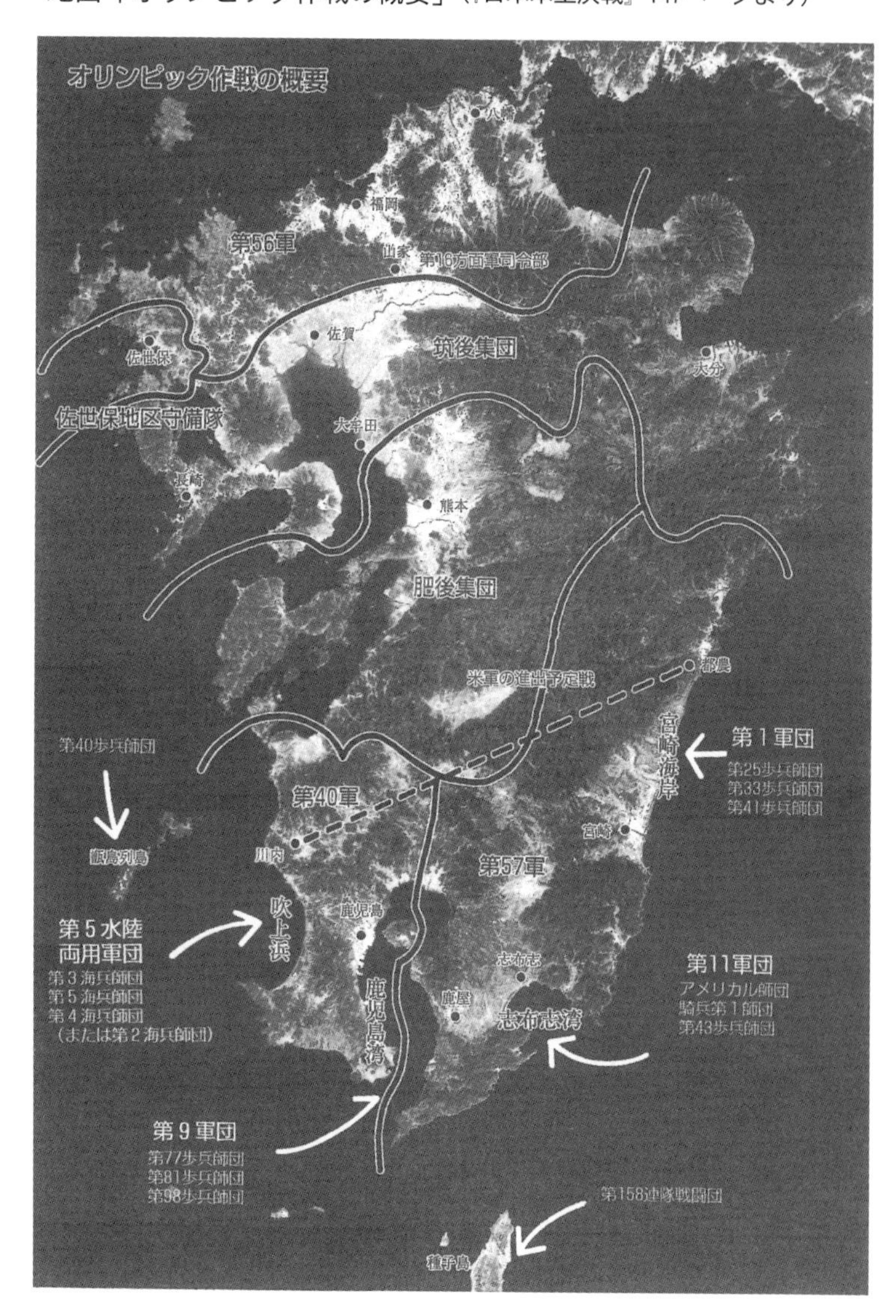

第4章　戦争が終わったあとで

はじめに

日本の敗北で戦争は終わりました。南京を攻め落としたといって提灯行列をして喜んだりしたあの高揚感は何だったのでしょうか。戦局が見通せなくなり、やがて白木の戦死者の遺骨が次々と帰ってくるようになり、連日の空襲被害も重くのしかかるようになりました。そんなある日、戦争が終わり、明るい電灯の下で暮らせるようになりました。

戦争が終わってほっとしたつかの間、悲しい事件が起こりました。

1件は、戦争が終わった8月15日のちょうど2カ月後、尋常高等国民学校の児童5人が学校帰りに道端の藪で日本軍が無造作に捨てた手榴弾など爆弾を拾って遊んでいるうちに爆発させ、3人が亡くなり2人が大けがをしました（3学童の爆死事件）。

2件目は、戦争に駆り出され命からがら帰って来たばかりの青年たちが日本軍が残した弾薬類の海洋投棄作業に動員され、その作業中に爆発が起こり、警察官1人を含む10人が死亡し負傷者多数を出した事件も起こりました（爆弾投棄作業爆死事件）。（この2つの事件は拙著『私たちの町でも戦争があった』に詳しく書きました。）

戦争が終わってみると、あの戦争は何だったのだろうかと、戦争を冷静に反省し、考えてみることができるようになりました。

第1節　萬歳坂記念碑

「萬歳坂」記念碑、歌は曽我部房子さん作

太平洋戦争中に五ヶ瀬町鞍岡（くらおか）に沖縄から１００人もの人々が疎開して来たと、『五ヶ瀬町史』に書かれています。私は、２０１０（平成22）年10月15日、そのことについて地元の人の話を聞きたいと思って、鞍岡に行きました。馬見原（熊本県山都町）から国道２６５号を南方向、鞍岡に向かって走りました。鞍岡の中心地の少し手前、新深谷橋（ふかたにばし）の南詰めに、偶然にも「萬歳坂」と書かれた大きな看板（目測で縦90㎝×横１８０㎝）を見つけました。「萬歳坂（ばんざい）」記念碑です。

記念碑には次のように書かれています。

萬歳坂（ばんざい）

わが国の過ぎし幾多の戦役に国の防人として召されし人々が祖国の安泰を願い、最愛の家族又故郷との別れを惜しみつつも勇躍出発に当って、村人総出で打振る日の丸の小旗、歓呼の声に、断ち難い絆を断って、姿が見えなくなるまでバンザイ、バンザイと声を限りに叫び、見送ったのがこの地です。

時は流れ、世は移り過ぎにしこの地の想い出も今は忘れ去られようとしています。わが国発展の礎として、又郷土発展の尊い犠牲となられた人々の遺蹟を永久に伝えると共に、再びあの忌まわしい戦争がおきぬよう祈りをつづけ、永遠の平和を願ってこの地に碑を建立しました。

平成十六年八月十五日（終戦記念日）

萬歳坂名称保存会

鞍岡の街を出て馬見原方面へと国道265号を北進すると、道は上り坂で、やがて深い谷に架かる新深谷橋にさしかかります。この橋の手前、道路の右脇に「萬歳坂」碑は建っています。新深谷橋が架かる前は、道路は深い谷に阻まれて、いま萬歳坂碑の建っている所から右下へと急な坂を下っていました。坂を下ると深谷橋が架かっており、それを渡って上り坂を進むと谷の向こう側に出るのです（この道は現在も使われています）。

この、萬歳坂碑建設に深く関わったという曽我部（そかべ）房子さん（昭和3年8月18日生、五ヶ瀬町2847）に話を聞きました。曽我部さんは、鞍岡の中心街で夫と共に洋品雑貨の曽我部商店を営んでおられ

ます。そのため、お店には、村の人たちがいつも出入りしています。そんな人びととの中に戦争未亡人が何人もおられたのです

夫を亡くされた人たちは、「あの坂のところに行くと、見送った日のことを思い出す」とか、「通るたびにいろんなことが思い出されます」と、店で長い時間話をして行かれることもありました。深い谷の坂のこちらで「バンザイ」して送り、向こうの坂を登って姿が再び見えたとき、また「バンザイ」をして見送ったのです。

戦争未亡人の人たちは、ご主人の思い出をあの坂のところに持っておられたのでしょう。

曽我部房子さん（再掲）

出征兵士をバンザイして歓呼の声で送り出す風景は私も見ましたから、戦争で父や夫や子どもを失った人たちの気持ちがよく分かりました。ですから、その人たちの気持ちを形あるものにして残してあげたいと思いました。また、戦争を風化させてはいけないという気持ちもあって、私一人でも記念碑のようなものを建てようと考えました。

いつの頃からか、誰言うとなく、あの坂を萬歳坂と呼ぶようになりました。その萬歳坂にまつわる戦争のことを、記念碑のようなものを建てることで、後世に残そうという話はこれまでにも時として出されることがありました。しかし、話がまとまって具体化することはありませんでした。そ

のため、私一人でも建てようと考えたわけです。

何人かの人に声をかけました。すると、いいことだと言って賛成してくれる人もありました。記念碑の文章は、「バンザイ」の声に送られて戦地に赴き、無事に帰還された文章の上手だった甲斐武夫さん（故人）が書いてくれました。甲斐さんの文章には難しい言葉が使われていましたので、後世の若い人たちや子どもたちにも読んでもらうために易しい言葉使いにするなど、少しばかり、私が手直ししました。

このような取り組みを進めていることが遺族会にも伝わったようです。遺族会の皆さん方も、碑の建設はとてもいいことだと言って、記念碑を建てる基礎工事をしてくださいました。

以上が、曽我部さんのお話です。私は、この記念碑に巡り会い、一読して、大きな衝撃と感動を受けました。

出征する父や夫や息子たちを、バンザイ、バンザイと叫びながら手を振って、勇ましく見送りました。見送った母や妻や家族や村人たちは、元気で帰ってきてくれることを願いつつも、見送らざるを得ませんでした。

父や夫や息子たちは、幾度このようにして送り出されたことでしょう。送り出された人たちは、元気で帰って来ることができたでしょうか。多くの人たちが、再び帰ってくることはありませんでした。あの戦争での出征は、無事な生還を望むことはほとんどできない状態でした。

そのような戦争であったにもかかわらず、バンザイを叫び、歓呼の声で勇ましく送り出したが、今になって振り返ってみると、何とも空しい、悔しい、そんな気持ちで胸がいっぱいになります。こんなことは絶対に二度と繰り返してはならない。こんなやりきれない気持ちをこれからの人たちに抱かせてはならない。そんなふうにこの碑は訴えていると、思えてなりません。

この碑の建立は、２００４（平成16）年です。戦後60年目にして建てられました。記念碑の横に、曽我部房子さんの俳句が添えられています。

「征く夫を送りし峠こぼれ萩」

五ヶ瀬町鞍岡からアジア太平洋戦争に出征して戦死された人の数は、どれほどだったのでしょうか。五ヶ瀬町教育委員会に問い合わせましたが、把握していないとの返事でした。そこで、宮崎県遺族連合会が遺族会結成30周年記念誌として発行した『久遠の魂』（昭和52年11月）から、五ヶ瀬町鞍岡の戦没者の名簿にあるアジア太平洋戦争での戦死者に該当する人数を当たってみました。アジア太平洋戦争以前の戦死者や復員後の戦死者は除いて、戦地で亡くなった方がたの人数は陸軍が81人、海軍は20人で、合計１０１人です。何かの事情でこの戦没者名簿に漏れた人もあることが十分考えられますが、そのことは問わないことにしましょう。それにしても人数のなんと多いことでしょう。これらの人びとが萬歳の声に送られて出征し、再び帰ってくることはなかったのです。

第2節　朝鮮人帰国記念碑

「朝鮮日本両国の友好親善万歳」などと書かれた朝鮮人の帰国記念碑が、県内あちこちに見られます。これらの記念碑は、戦争中に自ら仕事を求めて、あるいは強制連行されて日本に来ていた朝鮮人たちが、戦後祖国に帰って行くとき記念に残したものです。このような朝鮮人帰国記念碑がたくさん作られるほどに、なぜ日本に多くの朝鮮人がいたのでしょうか。多くの朝鮮人が帰国したにもかかわらず、なぜ今も多くの朝鮮人が日本にいるのでしょうか。このことについて考えてみる必要があるでしょう。

1　朝鮮人はどのような理由で日本に来たか

――年表が語る朝鮮人の来日事情――

〈自分で来た時期〉

1909（明治42）日本が朝鮮を植民地として「併合」する前は在日朝鮮人はわずか790人でした（日本が朝鮮を併合したのは1910年）。

1914（大正3）第1次大戦。好景気で人手不足のため朝鮮で労働者を募集。

1920（大正9）在日朝鮮人3万人あまり。

1930（昭和5）ほぼ30万人になる。

1938（昭和13）80万人。
＊この年4月、国家総動員法公布。
＊自分で来た理由　①朝鮮農村の経済が破綻。②日本の方が賃金が良かった。
〈強制連行始まる〉

1939（昭和14）日中戦争の長期化で国内労働力不足が深刻化。

在日朝鮮人96万人。
＊内務・厚生両次官通牒「朝鮮人労務者内地移住に関する件」（39年7月28日）により、朝鮮人労働者の強制連行始まる。
1944（昭和19）在日朝鮮人193万6000人。

1945（昭和20）5月の推定で210万人。

「納得の上で応募させていたのでは、その予定数になかなか達しない。そこで郡とか面（村）とかの労務係が深夜や早暁、突然男手のある家の寝込みをおそい、あるいは田畑で働いている最中にトラックを廻して何気なくそれに乗せ、かくてそれらで集団を編成して北海道や九州の炭鉱へ送り込みその責めを果たすという乱暴なことをした」（宇垣一成総督時代にその秘書役をやっていた鎌田沢一郎の著書『朝鮮新話』より）。

〈戦後の帰国と残留〉

１９４５（昭和20）８月15日、日本敗戦。朝鮮人雪崩を打って帰国を開始する。
自分たちで船を借りたり、買ったり、釜山からの日本人引き揚げ船を利用して、
博多、下関、仙崎などから帰国。

１９４６（昭和21）３月18日、ＧＨＱの命令で日本政府によって朝鮮人、台湾人の登録が行われた。
在日朝鮮人の登録64万６９４３人（この時までに１４０万人が帰ったことになる）。
ＧＨＱの命令で、４月より日本政府は大陸からの引き揚げ船が帰るとき朝鮮人
を乗せるという計画輸送をはじめた。

１９４７（昭和22）帰国熱が冷め、48年になると定着しはじめる。
その理由は、①南ではアメリカの軍政が行われ、48年、李承晩を大統領に据え
た。これに対する抵抗闘争が起こり、帰っても生活の見通し立たず。②１人当
たりのお金の持ち帰りを1、０００円以内に抑えられたので、故郷に生活基盤
のない人は帰れなかった。

＊１９８０（昭和55）年になっても主要国籍別外国人登録者数７８２、９１０人のうち韓国・
朝鮮人は６６４、５３６人（84・９％）、中国人は５２、８９６人（６・８％）、アメリカ人は
２２、４０１人（２・９％）で、韓国・朝鮮人の占める割合が圧倒的に多かった。

【上の年表および＊印は『日本による朝鮮支配の40年』（姜在彦著、朝日文庫）より作成】

2　朝鮮人帰国記念植樹と記念碑建立

戦時中に朝鮮人が労働力として日本国内に多数連行された状況は、前掲の年表で簡単に見ました。県内に残されている記念植樹・記念碑建立にまつわる話を記してみましょう。

①　五ヶ瀬町の朝鮮人帰国記念植樹と記念碑

記念碑とその後ろに見えるのが
記念樹「メタセコイア」

朝鮮人帰国記念樹と記念碑は、五ヶ瀬町三ヶ所（さんがしょ）の軍人墓地にあります。五ヶ瀬町国民健康保険病院の東側に五ヶ瀬町観光協会があります。その右横に忠霊塔入口という碑が建っていますが、そこを入って急な坂道を登ると、登り切ったところに広場があります。その広場の奥に忠霊塔が建てられています。ここが軍人墓地と呼ばれる所で、この広場の一角に朝鮮人帰国記念樹と記念碑があります。

記念碑には、正面に「朝鮮日本両国友好親善長久不滅」、左側面には「1960年7月14日建之」、裏面に「朝鮮民主々義人民共和国五ヶ瀬町朝鮮人帰国者一同」と刻まれています。そして、記念碑の台座の正面に横書きで左から右に「記念植樹」

と刻まれています。

さて、この帰国記念碑を建てて帰国した朝鮮人の皆さんはどのような人たちだったのでしょうか。五ヶ瀬町三ヶ所字古園にお住まいの橋本進さん（1924年4月生）にお話を聞きました。橋本さんのお話は次のとおりです。

「三ヶ所の廻渕（めぐりぶち）に日窒鉱業㈱が経営する三ヶ所鉱山（廻渕鉱山ともいった）がありました。朝鮮の人たちはこの鉱山で働いていました。

写真中央の山が鏡山で、その麓に鉱山があった。写真に見える人家は廻渕の集落。

鉱山には、100人を優に超える数（300人はいたという人もいた）の朝鮮人が働いていました。その人たちは、三ヶ所鉱山に行けば仕事があると人づてに聞いて集まったようです。

鉱山事務所（事務所跡には現在松元通春さん（故人）の家族が住んでいます）のすぐ上の、今は杉山になっていますが、その辺りに長屋の住宅がたくさんありました。その社宅には日本人も朝鮮人も一緒に住んでいました。長屋は一棟に4、5世帯が入っていました。社宅には共同浴場があり、その浴場は大きいので、山本さんという風呂焚き専門の人がいて、朝から湯沸かしにかかっていました。家族のある人たちの社宅の他に独身寮もあり、独身寮には賄い婦がいました。通勤で働く地元の人たちもいました。

私の父は坑内から鉱石を運び出すトロッコ押しをしていました。帰りの時間に雨が降り出したときなど傘を持って迎えに行きました。鉱山にはよく行きました。鉱山には、トロッコを修理したり、長屋を修理したりするために木工工場があり、金物工場もありました。

トロッコを押しながら坑内から出て選鉱場の上まで来ます。そこから鉱石を落としました。鉱口から選鉱場までのレール沿いに、暗くても仕事ができるようにたくさんの電灯が点いていました。そのため、桑の内側から鉱山を見ると不夜城のようでした。

終戦の時は、食べることが一番でしたから、帰国した朝鮮人の話は聞きませんでした。

鉱山は、1953（昭和28）年、閉山になりました。この時には帰国した人たちもいました。津田節子さんと結婚した大山さんは韓国に帰りました。北朝鮮に帰った人たちもいました。

閉山後もそのまま残った人たちは、仕事を探していました。トウキビのはしらかしたものを売って歩いて加工賃を稼ぐとか、鉄屑や銅、アルミなどを集めて熊本方面に売ったり、とにかくいろんな仕事をしていました。玉山へいゆう（漢字が分からない）さんは砂利採集の仕事をして暮らしました。

このように、閉山後も玉山さんたちのように残った人たちがいました。この人たちが、1960年に帰国記念樹を植え、帰国記念碑を残して帰国されたのです。このとき帰国した人たちは、玉山さんの家族を含めてバス1台、30人もの人たちでした。この時の帰国者は、みんな鉱山関係の人たちで、それ以外の人たちはいませんでした。また、この時以後も当地に残った人の話は聞きませんでした。

別れを惜しんで涙を流し、バスの窓からも盛んに手を振りながら帰国して行かれました。私の妻も見送りに行きました。」

以上が橋本進さんの話でした。

［注］『西臼杵百年史』（西臼杵支庁総務課編集発行、昭和63年3月発行）によれば、この三ヶ所鉱山について、「本鉱山の鉱石は含金銅鉱であって、含有量の多いことで昔から有名であるが、鉱脈がいわゆる『ひょうたん鉱脈』と称する鉱脈で多量の鉱脈であるけれども、出量が平均せず、時により探鉱に意外の経費を要することがあるが埋蔵量は非常な量であるといわれている。昭和27年の月産は1000トンに達し、従業員は151名であった」と、書かれています（407〜408ページ）。しかし、鉱山は1953（昭和28）年には閉山（『西臼杵百年史』によれば「休山」）しました。

『宮崎県史』に次のような記述があります。

「ここで県内の朝鮮半島出身者の労働者に関する史料を紹介しておこう。長船知事の『県務引継書』（昭16）（昭18の誤り、引用者）にみえる特高課調査によると、昭和18年6月現在県内在住の韓国・朝鮮人は6787名で、うち921名が動員計画による強制移入労働者であった。事業場ごとの人数などは表7－24の通りである」。このように書かれた後に、「表7－24 動員計画による朝鮮半島からの移入労働者の事業場別調査表（昭和18年6月現在）」が掲げられています。

この調査表には、9つの事業場名があり、そのそれぞれに、事業別、移入者数、逃走者数、送還者数、其の他帰還者数、現在員数、備考の欄があって、数字が記入されています。この表の中に日窒三ヶ所鉱山が見られます。三ヶ所鉱山の欄は、事業別（採鉱）、移入者数（21）、逃走者数（12）、送還者数（記入なし）、其の他帰還者数（1）、現在員数（8）、備考（記入なし）となっています。

この9事業場の移入者数の合計は2858人、現在員数は921人となっています。

上記『県史』の記述は、県内在住の韓国・朝鮮人は6787人いるが、この人たちの中の2858人は動員計画による強制移入労働者で9事業場に配置された。このうちから逃走者が出たり送還者も若干あって、現在員数は921人というのです。1943年時点で三ヶ所鉱山に配置されている強制移入朝鮮人は8人だけになっている、ということになります。

三ヶ所鉱山で働いていた朝鮮人は、戦時中から戦後にかけて100人以上もいました。その人たちの中には、自ら仕事を求めてやって来た人たちもいましたが、日本の朝鮮に対する植民地支配の時代に、強制的に連行されて来た人たちがいたことは確かなようです。

② 高千穂町の朝鮮人帰国記念植樹碑

所在地：高千穂町三田井750－9　後藤康雄氏宅の庭

高千穂町三田井の高千穂町デイサービスセンター下の個人住宅の庭に朝鮮人帰国記念植樹の碑が

後藤さん宅の庭に建つ碑
08年6月30日、福田撮影

建っています。

　碑の正面には「朝鮮　日本　両国友好親善長久不滅」と書かれ、高い台座の一番上に左から右へ「記念植樹」と書かれています。碑の左側面、右側面に文字はなく、裏面に「朝鮮民主々義人民共和国　在郡朝鮮人帰国者集団　一九六〇年四月」と、縦3行に書かれています。

　後藤さん宅への道は上り坂になっており、その道の右端に記念樹の桜が現在も数本大きく育っています。桜の大木は道路に被さって枝を切られたり、邪魔になったものは切り倒されもしました。

　後藤康雄さんは、私が訪ねた2008（平成20）年の2年前に他界されていました。後藤さんのご夫人の話では、「主人は町へ撤去してほしいと要望していました。個人の家の屋敷内にあり、お墓のようだからというのが理由でした」。後藤さんは、朝鮮人の帰国に尽力された方だったのではないかと考えますが、記念碑を個人の家の庭に建てるのではなく、町が管理する場所に建てるべきだったたでしょう。

③　日向市にある朝鮮民主主義人民共和国帰国記念樹と記念碑

記念碑と記念樹のヒマラヤスギ
写真奥は新庁舎

記念碑正面（北向き）

所在地：日向市役所前の駐車場南側

日向市の市役所新庁舎は、免震構造を採用して2018（平成30）年5月1日に落成しました。

朝鮮人帰国記念樹と記念碑は、落成したばかりの新庁舎の正面玄関後方、駐車場の南隅に記念樹と共に移設されました。旧庁舎の東側にあったときより人目につきやすくなったのではないかと、私は喜んでいます。

記念碑正面に「朝鮮日本両国民の永遠不滅の友好親善万歳」と書かれ、右側には「朝鮮民主主義人民共和国帰国記念植樹　日向市帰国者一同」とあり、裏面に「1959年12月6日建之」と書かれています。

私は、旧庁舎の東側にあった記念樹と記念碑の場所に、全龍珠（ぜんりゅうじゅ）さん（日本名　山本春吉（はるよし））に案内してもらい行きました。そして、次のような説明も受けました。「記念樹はヒマラヤスギで、この記念碑の両側に1本ずつ植えられました。記念樹と記念碑は、はじめは、現在、機関車公園になっているところにありましたが、その場所が公園になるとき、私は市から移設先についての相談を受けました。その時私は、記念碑・記念樹として人目につきやすい良い場所にとお願いしました」と話され、案内されたその場所（市庁舎東側）に移されたということでした。

この記念碑を建てた帰国者は「5、6家族だったと思います」と全龍珠さんは話しました。

この記念碑と記念樹が、市庁舎改築のため、一時、仮置場に移されましたが、写真で見るとおり、前の場所に劣らない新しいよい場所に設置、移植されました。

日本へ強制連行された全龍珠さんの話

日向市上町在住。1916（大正5）年2月23日生

私（福田）は、2004年6月13日と26日に全龍珠（日本名　山本春吉）さん宅を訪問して、全さんのこれまでの生活の様子を詳しく聞きました。事前に電話で面会の許可をもらって9時40分の約束で出かけると、全さんは家の前の道路で待っておられました。

私は、朝鮮人帰国記念碑が日向市にあるのかどうか、あるとすればどのような経過で建立されたのかを知りたくて、全さんを訪問したのでした。ところが、期せずして全さんが日本に拉致連行され、これまで苦しい生活を送ってこられたことをお伺いすることになったのです。

全さんは次のように語りました。

全龍珠さん（04年6月福田写す）

私は、慶尚北道尚州邑の出身です。父は母国語の先生でしたが、国が日本の植民地になって臣民教育に変わったため、失業しました。そのため、父は大工を見習いではじめました。家はひどく貧乏でした。私は学校へ行かず父に習いました。その後、家族は慶尚南道密陽郡三浪津面に移り、病身の父と母、肘をけがしていた兄、それに妹の5人で暮らしていました。元気で働けるのは私1人でした。山で薪を取って、それを売って粟を買い生活していました。

私が18歳の時（1934年）でした。その日は、山でとった薪を街に売りに行き、売った薪の代金で粟を2升買って帰るところでした。三浪津駅から200メートルばかり離れたところの警察署前を歩いていると、後から「こら、待て」と怒鳴られました。立ち止まったところ、私服2人と制服1人の警官（多分日本人と思う）が取り囲んで「行こう」といったので、「どこ行きますか」と聞いたら「黙れ、ついて来い」といって力ずくで拉致されました（全さんは連行でなく「拉致された」という言葉を使いました）。捕まったとき持っていた粟はその場に置いてきましたが、それがどうなったか、家に届けられたかいつまでも気にかかっていました。家では私が帰ってこないと大騒ぎになり、八方探してどこにもいないと悲しんだことだろうし、働き手がいなくなって困っただろう、それを思うと居ても立ってもいられなかった。

引っ張って行かれたところは駅前広場で、そこに止めてあった黒いトラックに乗せられ、シートをかぶせられました。中には既に6、7人の人がいました。4時ごろから6時ごろまでトラックはそこにいて、その後走り出し、着いたところは釜山でした。そこでは、たくさんの人たちと一緒に大きな貨物船に乗せられました。縄ばしごで船に乗り、縄ばしごで船倉に降りた。船倉は真っ暗で、でもそこにはたくさんの人が入れられていることが分かりました。万という数の人がいたのではないか。

船の着いたところは大村湾内のどこかでした。私たちは小さめの船に乗り移され、今福（いまぶく）（長崎県北部）に来ました。後で分かったことですが、私たちのグループは380人でした。私はこのようにして日本に連れてこられました。

このようにして日本に来た私ですが、「拉致されて来た」というのは気分が悪い。なかなかいえない。だから、私だけでなくそのことを伏せている人は多い。自分で来たという方が聞こえがいいからです。

今福炭鉱で働くことになりました。丸竹で作られ、床も丸竹の家に住まわされ、食堂も竹小屋でした。麦にからいもの入ったもの、芋が腐っていたのか、にがくて食べられなかった。海水の味噌汁だった。煙草銭だけくれて、残りは貯金だと云ってくれませんでした。22歳の時（1938年）、炭鉱が閉鎖になって放り出されてしまいました。家に帰りたいと思いましたがお金がなくて帰れませんでした。
佐世保に行き、そこで朝鮮の服を着た人を見かけ声をかけたら幸い朝鮮の人でした。その人の息子さんの仕事を長崎で手伝いましたが、やがて熊本に行くことになり、送電線の仕事をするようになりました。熊本に行こうとしたとき、協和会手帳がないと乗り物にも乗れなかったので、山本春吉の名前になり、協和会手帳を手に入れました。

［注］協和会：日本内地に居住する半島人＝朝鮮人を教化することを目的に掲げた組織

熊本で送電線の仕事をするうちに、仕事の関係で宮崎県諸塚村に来たのです。諸塚で送電線の仕事をし、次に、椎葉村の大平ダムが建設中だったのでその建設現場で送電線工事の仕事もしました。椎葉では知人と道路工事をするようになり、1942（昭和17）年（26歳）3月には結婚しました。子どもは4人です。

その後、宮崎県林務課の仕事をしたこともありましたが、戦後の1946年5月12日、富高に出てきました。国に帰りたい気持ちがあったからです。亀崎に朝鮮飯場があったのでそこに行って聞いたら、祖国は大変で帰れないということでした。それでも帰りたいと思い下関まで行ってみましたが、そこは帰国を望むものすごい人の群れでごった返し、食べ物はないし、寝るところもなくて、あきらめて富高へ戻るより他ありませんでした。

富高では古物商をしたり、訪問販売をしたりしましたが、その後、衣料品店を出すことができました（日向市上町の表通りに面した店でした。筆者の福田も見ている）。

日本に拉致されて以後、国に帰ったことはないし、親・兄弟と連絡が取れたこともありません。私自身がこの歳（2004年、88歳）になりました。

全龍珠さんは帰国運動に関わられたようで、そのことに関する話もしてもらった。

・富高から帰国したのは5、6世帯だったと思う。その中には、2人の兄弟、柳川という一家、権（ごん）さん一家などがいた。

・帰国のとき、植樹をして記念碑を建てた。記念樹はヒマラヤスギを2本。碑は、現在機関車のある公園の公衆便所のある辺りに建てられていた。その地を公園にするとき、市の職員が私に別のところに移してよいかと相談に来た。移してもよいが人目につくところに移してほしいと要請したところ、よいところに移してくれたと思う、と話された（場所は旧市役所玄関前広場の東側道路端）。

・帰国事業は大変だった。朝鮮はこの事業は人権問題として早急な解決をはかろうとしたが、日本政府は政治問題として処理しようとした。日本政府はそもそも帰国事業に反対だった。

・帰国事業の前、1958年に、祖国往来運動に取り組んだ。このことで市議会に請願を出した。総務委員会には8人の委員がいたので、8人全員の家庭を訪問して話を聞いてもらった。私たちに賛成してくれたのは5人いたと思うが、そのうちの1人Wさんがその日欠席したのでKさんが反対して否決になった。

（全龍珠さんのお話は、２００４年６月13日と26日に、全さん宅を福田が訪問して聞きました。）

・子どもが４人いた（女、男、男、女　全さんの話では、長女は神戸の朝鮮の人と結婚して北朝鮮に行ったということです）。

・全さんには知り合いの人がいた。一緒に拉致されてきた人ではないか。日向市亀崎の朝鮮人の集落に住んでいた。もやしを作って卸し歩いていた。

（亀崎の朝鮮人集落はかなり大きく、海軍富高航空基地の工事などで働いていた人たちも住んでいたのではなかったか。集落の所在地は、戦争最末期に三菱の石油会社が建設されつつあった場所の北側にあった。その場所は、現在の富島高校の運動場の東北の隅が野球場だが、その野球場のすぐ北側にあった。私は当時６歳で、三菱の寮に家族と一緒に住んでいた。）

○工藤章子（あやこ）さん（故人、日向市財光寺在住だった）の話

・１９５９（昭和34）年12月６日、５年生のときだったと思いますが、同級生の金本まさゆき君が家族と共に北朝鮮に帰るというので、全校生徒で校門までお見送りしたのを覚えています。明るく活発なまさゆき君だったが、同窓会があるたびに、「金本君、今頃どうしているかねえ、元気だろうか」と話題になります。

○荻原徳子（おぎわらのりこ）さん（１９４９年６月29日生、日向市美々津町在住）の話

・金本君の家は水月寺（日向市塩見２３９３）の下（石段の登り口がある）よりもっと朝日橋の方にい

った椎葉線（国道327号）沿いにあったと思います。

〈参考文献〉『日本による朝鮮支配の四十年』　姜在彦著　1992年9月1日発行　朝日文庫
『朝鮮人強制連行』　外村　大著　2012年3月22日発行　岩波新書

④　西都市の朝鮮人帰国記念樹と記念碑

都萬神社境内（西都市大字妻1番地）

西都市の都萬神社正面前の道路端植え込みの中に建てられている。

記念碑の正面　在日朝鮮人帰国記念植樹

右横　西都市帰国者一同
左横　1960年1月14日
裏面　朝日両国の永遠不滅の友好親善万歳

記念樹は桜（6本）が植栽された。

在日朝鮮人帰国記念植樹碑
（写真提供は佐川嘉正さん）

⑤　宮崎市の朝鮮人帰国記念植樹の碑

宮崎市広島1丁目、別府街区公園

在日朝鮮人帰国記念植樹の碑

宮崎市別府街区公園の南西の角、広い道路に面して帰国記念植樹の碑が建てられています。この公園は、宮崎市役所の跡地で、現在は児童公園として使用されています。

碑には次のように刻まれています。

記念碑の正面　朝日両国民親善万歳

右横　在日總聯宮崎市支部

左横　昭和54年12月建之

裏面　在日朝鮮人帰国記念植樹

記念樹は楠です。碑に少しばかり離れて植えられています。

記念碑が建てられている基壇の正面に「碑の由来」が刻まれています。

碑の由来

１９５９年12月5日、朝鮮民主主義人民共和国へ帰国する人びとがこの碑を建立し以来１０８世帯４６７名が帰国した。帰国事業25周年に当り日朝友好を願ってこれを補修した。

１９８４年5月　　県民有志

宮崎市で起こった朝鮮人に関することとして、次のような2つのことが知られています。

(1)　県下初空襲の1945年3月18日、赤江航空基地で「一番死んだのが朝鮮人の募集で来た人びとで、朝鮮人が沢山死んだんですけどね」（催炳植氏の証言、『記録・宮崎の空襲』35〜36ページより）。

(2)　赤江飛行場のことと思われる次のような記述があります。「昭和20年（1945）4月28日、朝鮮人労働者40人と事務所の日本人2人が夜の作業に備えて休息しているとき爆撃に遭い死亡している」（「赤江飛行場から宮崎空港へ」岩切八郎氏の文より）。

⑥　都城市の朝鮮人帰国記念植樹と記念碑

都城市総合社会福祉センター

帰国記念に植樹されたカイズカイブキと植樹記念碑は総合社会福祉センターの敷地内で、福祉センター正面右手の道路に面して植栽、設置されています。

記念碑の碑文は次のとおりです。

記念碑の正面　　3行に分けて次のように書かれています。

在日朝鮮人帰国記念植樹

1960年3月7日

宮崎県都城市帰国者一同

裏面　朝鮮日本両国友好親善万歳

在日朝鮮人帰国記念植樹碑

記念樹はカイズカイブキ2本です。碑の両側に植えられています。

1960（昭和35）年3月7日の朝鮮人帰国者歓送会の模様を当時の日向日日新聞（1960年3月9日付）は次のように報じています。

「都城市の北朝鮮帰国者歓送会は7日午後1時から、市公会堂で在県朝鮮人約100人をはじめ蒲生市長、小野市会議長、有馬商議所会頭、都北労評組合員などが出席して行われた。まず帰還者一同（2世帯9人）が贈った帰国記念樹カイズカイブキ2本を公会堂敷地に植えた。また記念樹の間に『朝日両国友好親善万歳』ときざんだ記念碑（高さ1・2メートル）も建てられた。このあと朝鮮服に着飾った婦人や女の子たちがお国自慢の踊りや劇を披露するなど、なごやかな歓送風景をくりひろげた」

⑦ 高原町の朝鮮人帰国記念植樹碑と記念碑　※高原町役場にあった

朝鮮人の帰国に際し帰国記念樹として楠とイヌマキが各1本ずつ植えられ、この事実を記した木柱の記念碑が建てられました。その後、楠は枯死し、イヌマキは大きく成長しました。

小林市出身の福田勉さんは、帰国記念植樹とそのことを記した記念碑について高原町長に問い合わせをしました。これに対して、高原町は次のように答えました（1984年5月9日）。

①記念樹のイヌマキは、初めに植えられた場所から周辺整備のため、庁舎の一角に移植された（大きく育ったイヌマキの写真が添えられていた）。

②木柱の碑であったが、現在は残っていない。

③当時の所管の部、課に問い合わせたが、①、②についての記憶はあったが詳細は不明。したがって、木柱の碑に記念植樹の年月日やその他何が書かれていたかも分からない。

戦争中の朝鮮人問題に関心を持っていた私（福田鉄文）は、福田勉さんから資料をもらっていました。その中に、福田勉さんの朝鮮人帰国記念植樹や帰国記念碑についての高原町への問い合わせとその返事の手紙（写真も）のコピーをもらっていました。

私（福田）は、2022年11月27日（日）、高原町を訪ね町舎一角のイヌマキを探しました。当日出勤中の職員に聞いたところ、写真は庁舎別館だということでした。しかしそこにはイヌマキはありませんでした。

帰って早速、高原町に手紙を書きました。高原町教育委員会教育総務課から返信をいただいた（2022年12月20日付）。その返信によれば、

①町民体育館分館正面の「イヌマキ」について、1984（昭和59）年に残っていると回答を行

った。

②しかし、樹木に空洞ができ、倒木の恐れがあったので2017年に伐採した。

高原町には、私の問い合わせに丁寧に答えていただいた。しかし、朝鮮人問題の資料が残っていないようだし、朝鮮人が帰国したという事実を示す記念のものも残らないことになった。この問題に関心を持つ人間として残念に思います。

⑧　小林市の朝鮮人帰国記念碑

小林市立公民館　みどり会館の敷地内

朝鮮民主主義人民共和国
帰国記念植樹碑

小林市の朝鮮人帰国記念植樹碑は、現在公立公民館の小林市みどり会館にあります。このみどり会館は、1984年に中央公民館から名称変更したものです。

記念碑の碑文は次のとおりです（碑の高さは1・2メートル）。

記念碑の正面　朝鮮日本両国の友好親善万才
右横　１９６０年３月16日建之
裏面　朝鮮民主主義人民共和国帰国記念植樹
左横　小林市西諸県郡内在住朝鮮人帰国者一同

記念樹について、福田勉氏は自身の著書の中で「次の帰省のおりに、市公民館に碑を見に行った」と書き、そこに碑の存在を確認し、「そばに二本の槙の木があった」と書いています（福田勉氏の著書『花はつぼみのままに』――旧制小林中学校第23期生・戦争の記録――鉱脈社刊）。

上に見たように、戦後、朝鮮人は帰国に際して記念の植樹を行いました。そして、記念植樹を行ったことをきざんだ堅固な記念碑も残しています。その記念碑には、「朝鮮日本両国友好親善万歳」とか「朝鮮日本両国民の永遠不滅の友好親善万歳」などと書かれています。

朝鮮の人びとは、その多くが日本の植民地支配下にあり、生きる地を求めて日本に渡り、あるいは強制連行されて日本に来たのでした。戦後、帰国した人びとは、日本や日本人にどのような気持ちを抱いていたものでしょうか。帰国記念碑文を読んで、私は救われる気持ちにさせられます。

『宮崎県史』より「表７－24　動員計画による朝鮮半島からの移入労働者の事業場別調査表（昭和18年６月現在）を引用して終わりにします（この表は第３章第２節２の①五ヶ瀬町の朝鮮人帰国記念植樹と記念碑のところで一部取り上げています）。

動員計画による朝鮮半島からの移入労働者の事業場別調査表

（昭和18年6月現在）

事業場名	事業別	移入者数	逃走者数	送還者数	其他帰還者数	現在員数	備考
熊谷組 石河内作業場	発電工事	920	438	11	241	238	発見復帰6
西松組 川南出張所	軍関係 土木	263	89		8	172	発見復帰6
三菱 槙峰鉱業所	採鉱	565	211	34	88	232	
西松組 延岡出張所	火薬工場 拡張土木	122	32		70	20	
鉄鋼 八戸出張所	発電	310	84	3	137	86	
日窒 三ヶ所鉱山	採鉱	21	12		1	8	
日窒 財木鉱山	採鉱	8	6			2	
間組 水電工事場	発電	350	86	1	19	3	他府県 転出241
鉄工 六ツ野原工事場	軍関係 土木工事	299	64	3	7	160	他府県 転出65
合計		2、858	1、022	52	571	921	転出306 復帰14

『宮崎県史　通史編　近・現代2』446ページ表7－24より

おわりに

人間の世界に戦争が絶えないのは何と悲しむべきことでしょう。２０２２（令和４）年の年末もロシアとウクライナの戦争が続いています。雪の降り積む中、暖を取るべき電気まで戦火に断たれています。戦争は即刻やめてもらいたいものです。

武力に武力で対抗する考え方は過去に捨て去ったやり方のはずです。軍事同盟による自国の安全確保ではなく国連の集団安全保障による世界全体の安全と平和を確保したいものです。国連憲章はそのための方策を細かく定めています。意見のことなる国と武力で対抗するのではなく、国連を中心にあくまで話し合いで難問を、武力の衝突を解きほぐしていきたいものです。

過去の戦争はどんなものであったかを宮崎県全体にわたって少しばかり見たつもりです。戦争についての県全体の詳細を調べ尽くすことはとてもできません。あれもこれもと思い残しがたくさんありますが、いろんな角度から若い皆さん方に調査研究をお譲りしたいと思います。

私は、教職についたはじめから歴史教育者協議会という歴史教育の研究者、教員の会の会員になり、研究集会に参加しました。この会で勉強の仕方を学び、多くの友人を得ることができました。今回の著書を書く上で、日南市や都城市、鹿児島県や福岡県、香川県、また全国の友人から、資料をもらい教えをもらいました。こんな協力があってこの本はできあがりました。同じことをめざす仲間の存在はありがたいものです。

戦争に関わることを調べる中でいくつか残念に思うことがありました。

その1は、宮崎県文書センターでの文書閲覧についてです。例えば空襲被害についての文書、あるいは満蒙開拓団送出についての文書などはたくさんあるのですが、個人情報秘匿のために開示できないとしてマスキング（袋がけ）されている部分が多くて見ることができませんでした。

その2は、戦争中の軍の物資保管用に掘られた壕などは危険防止のため、そんなものがあったことも分からないように埋め立てられています。頑丈な鉄格子などを入口に設置することで、中がのぞけるようにはできなかったものかと残念です。

その3として、戦争遺跡の発掘、保存に自治体の関与を切にお願いしたいと思います。戦跡案内の標柱（石碑）の設置や簡単な案内パンフレットなどの作成をお願いしたいものです。

小さな本ですが、手に取って見ていただければ、なんて愚かな戦争をしたものだろうかというとが分かっていただけるのではないかと思います。

悲しい愚かな戦争を二度とくりかえすことがないようにこの本が役立つならばこんなうれしいことはありません。

二〇二二年　師走

著者略歴

福田 鉄文（ふくだ　てつぶん）

1938年８月　「満州国間島省延吉市」に生まれる
1962年３月　東京都立大学法経学部法律学科卒業
1966年４月　宮崎県立高等学校に勤務
1998年３月　宮崎県立高等学校を退職
2010年12月　著書『宮崎の戦争遺跡——旧陸・海軍の飛行場跡を歩く』（鉱脈社）出版
2019年９月　著書『私たちの町でも戦争があった——アジア太平洋戦争と日向市』（鉱脈社）出版

現在　歴史教育者協議会会員
　　　中国人戦争被害者を支える宮崎の会会長
　　　日向・平和のための戦争展実行委員会事務局長
現住所　宮崎県日向市迎洋園2－121

みやざき文庫 150

アジア太平洋戦争と宮崎県
── 県民はどのような戦争を体験したか

2023年 2 月23日 初版印刷
2023年 3 月 1 日 初版発行

著 者 福田 鉄文

発行者 川口 敦己

発行所 鉱脈社
宮崎市田代町263番地 郵便番号880-8551
電話0985-25-1758

印 刷
製 本 有限会社 鉱脈社

みやざき文庫

著者既刊本

宮崎の戦争遺跡　旧陸・海軍の飛行場跡を行く

福田　鉄文　著

太平洋戦争で宮崎県内に築かれた陸軍と海軍の航空基地跡を歩き、かつての基地の姿や秘話を発掘。国が戦争をするとはどういうことだったのか。国民はどういう状態に追い込まれたか。戦争と平和を考える労作。

本体1800円＋税

私たちの町でも戦争があった　アジア太平洋戦争と日向市

福田　鉄文　著

見なれた風景の中に、あの戦争の傷跡が。一つひとつの戦跡に耳を傾け語りかける。長年にわたる丹念な調査が、この国の過去を掘りおこし、今を問いかけ未来を指し示す、宮崎の戦跡シリーズ第2弾。

本体2000円＋税